希克森的兩歲生日派對，抱著他的是父親艾里奧和母親瑪格麗達。

照片出自：希克森．格雷西的收藏

在科帕卡巴納海灘接受「訓練」。

照片出自：希克森．格雷西的收藏

「當你整合動作和呼吸，使其同步時，思緒將變得清晰，所有的煩惱也都會消失。」

照片出自：布魯斯．韋伯（Bruce Weber），攝於里約

雖然與前妻金的婚姻歷經波折，但仍攜手面對危機，讓三個孩子茁壯成長。

照片出自：布魯斯．韋伯，攝於科帕卡巴納海灘

「武館是一處中立的環境，你必須將成見與偏見留在更衣室。我不容許柔術墊上有其他不相關的想法來攪和。」

照片出自：馬可仕．普拉多（Marcos Prado）/@REVISTATRIP, 1988

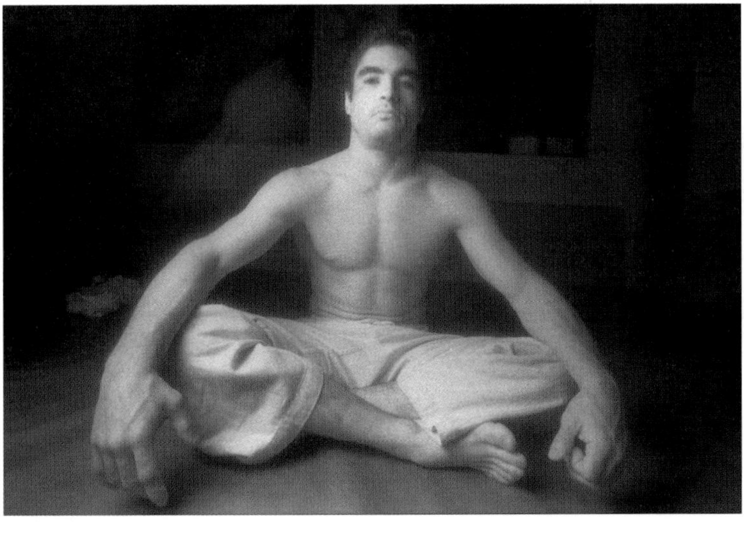

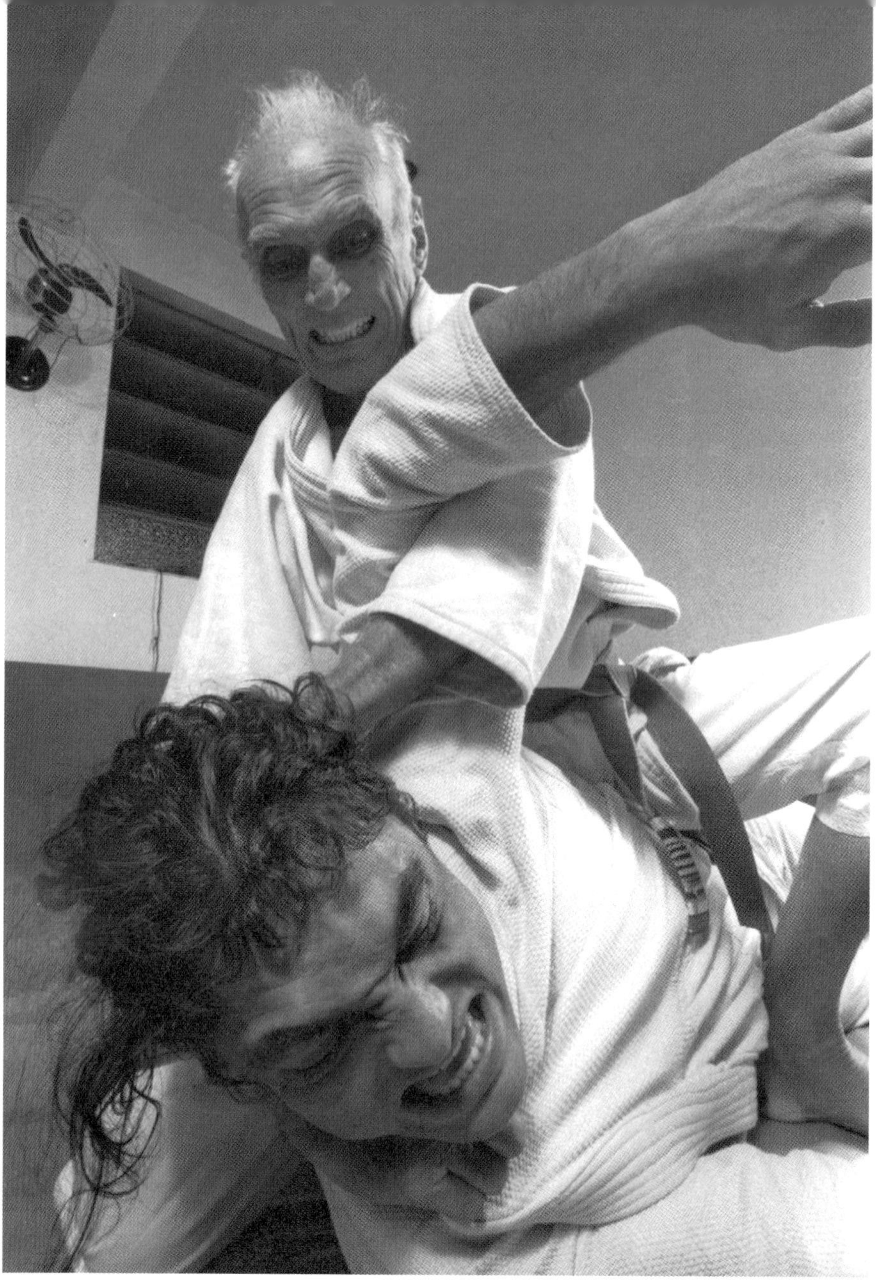

「格雷西柔術是為了弱者免受強者欺凌而發明的武術！」
上了年紀的艾里奧，依然可以在柔術墊上與希克森對練。
照片出自：馬可仕．普拉多 /@REVISTATRIP, 1988，攝於里約熱內盧

「柔術是一種工具，用來傳授耐心、希望、策略、情緒控制、呼吸……讓學生在精神、體能與心理上，為衝突做好準備，並且建立起自信心，藉此賦予心靈上的平靜。」與兒子荷克森對練的希克森。

照片出自：馬可仕．普拉多 /@REVISTATRIP, 1988

2000 年，與日本綜合格鬥界的巨星船木誠勝比賽。希克森在暫時失明的情況下，依然將對手勒昏並拿下勝利。

照片出自：長尾迪

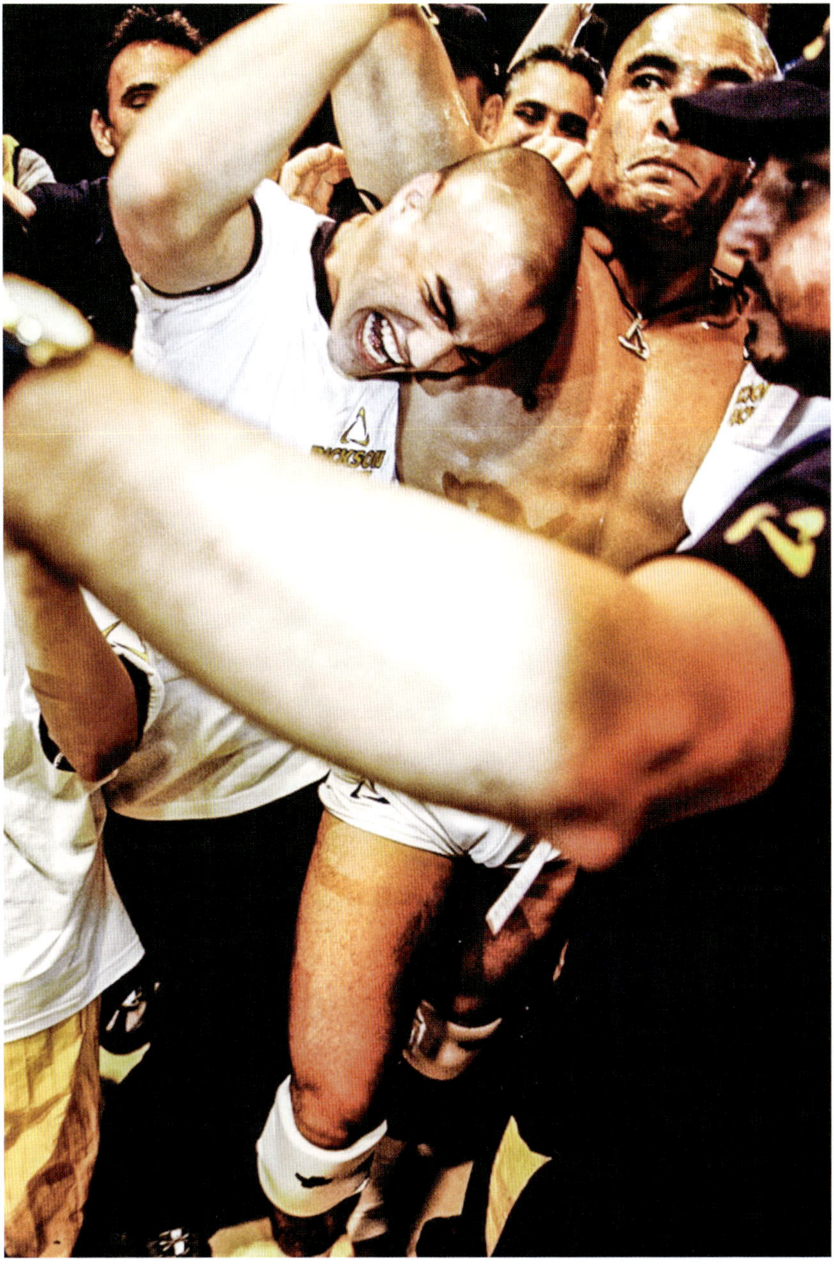

「武士不會慶祝勝利，所以我也不會。何必慶祝勝利呢？下一戰就可能是你的最後一戰。戰鬥並不是宴會。無論輸贏，對我來說格鬥都是神聖的。」

比賽結束後的荷克森與希克森。

照片出自：長尾迪

「不管你給予多少知識、愛、金錢或建議，他們終究會在羽毛已豐之時展翅高飛，邁向自己的人生旅程。父親必須接受孩子本來的樣子，而不是他期盼孩子長成的樣子。」希克森和女兒凱琳，2014年。

照片出自：斯特凡．科切夫（Stefan Kocev）

拱　橋

*We are all connected.*

A LIFE IN FLOW

# BREATHE

# 呼吸

從逆境與壓力中尋得平靜，世界第一格鬥家族的戰士回憶錄

## 人生的柔與術

希克森・格雷西
彼得・馬吉爾——著
李皓歆——譯

# 目次


前言 柔術，在逆境中尋找平靜——喬可．威林克……007

第一章 格雷西家族……017
起源於日本的格雷西柔術／讓小雞成為駿馬／創造戰士氏族／不能隨波逐流，除非……／嬰兒勇氣考驗／「如果你打輸，我會給你兩個禮物」／獵人．長矛．豹

第二章 在戰士中長大……045
找到地獄裡的舒適感／受苦是成長的一部分／街頭的孩子更聰明／無限制格鬥：成人儀式

第三章 掠食者與獵物……079
巴西「文化大使」／性愛．大麻．神奇魔菇／恐懼是我的好友／下棋不用力量，不靠速度

第四章
呼吸，重拾連結……101
重點不在擊倒／用感受重拾連結／清空肺部，才能享受深呼吸／該死就死吧！／只要是好士兵……／戰士總是來來去去

第五章
柔術不是運動……129
他只是被我抓到一個錯誤／孩子聯繫著婚姻／格雷西柔術不是運動／第一次「重返」日本／鋼鐵相互砥礪

第六章
前往美國，第一屆UFC……157
格雷西柔術變成了「巴西柔術」／將成見留在更衣室／柔術武館就像馬戲團／你在面臨恐懼時會怎麼行動？／在美國，闖紅燈有代價／第一屆UFC……人類版鬥雞／比賽開始，辛苦的部分已經結束／山中沒了老虎，猴子開始稱王

第七章
鬥士・武士・道……189
戰士是一種人生準則／今天是赴死的良辰吉日／「安生先生的臉說明了事情經過」

第八章
人生的柔與術……213
別思考，要和對手建立連結／真鬥士，將柔術複製到賽場外的人生／我一拳都不揮／該怎麼對付怪物？／萬事萬物都是徵兆／巴西人，日本價值觀／格雷西柔術改變了綜合格鬥

第九章
脆弱有其必要……245
拒絕拍地認輸／兒子踏上另一段人生／明天未必會到來／格雷西火炬

第十章 重生……269
我能聞出誰是老虎／柔術的本質：無形／這是為了「免受強者欺凌」的武術！／一期一會——創造連結
終章 表揚智慧的紅帶……293
致謝……297
術語詞彙表……299
附錄 希克森呼吸法——配合動作，產生流動……305

獻給艾里奧（Hélio）與荷克森．格雷西（Rockson Gracie），
他們改變了我對人生的觀點。

【前言】

# 柔術，在逆境中尋找平靜

——喬可．威林克（Jocko Willink）[1]

我在一九九二年首度接觸到柔術，當時我還是一名年輕的海豹隊員，剛完成基礎水中爆破訓練（Basic Underwater Demolition/SEAL, BUD/S），在海豹部隊第一分隊服役。某次早點名時，一位年邁且性情乖戾的士官長過來找我們談話。他比我認識的人都來得年長，雖然他的年紀可能才剛過四十，而且比現在的我年輕好幾歲，不過對那時候的我來說，他似乎是個老古董。

「有人想學習怎麼格鬥嗎？」他問道。

1 編按：暢銷書《自律就是自由》（*Discipline Equals Freedom*）作者，在美國海豹部隊服役二十年，曾在伊拉克戰爭擔任海豹部隊指揮官；後任訓練官，負責訓練美國西海岸所有海豹部隊。退伍後成立顧問公司，將自我管理和團隊管理技巧傳授客戶，協助他們領導團隊邁向成功。

我完全沒料到他會這麼問，但我知道自己會怎麼回答。**我當然想學！**我跟其他幾名新隊員舉起了手。

儘管海豹部隊如今已經把格鬥術以系統化的方式納入訓練流程，但在一九九〇年代初期時，我們幾乎完全沒有學到相關技能，頂多是教你一些基本的打擊技、一或兩種摔技（hip throw），或許再幾招自衛術，讓你能應付可以明顯預判來勢的拳打腳踢。但這些編排過的動作，當然都不像是能夠在真正的打鬥或作戰情境中派上用場。

士官長說：「那麼，你們這些舉起手的傢伙，下午四點三十分到體育館旁邊的昆塞特小屋（Quonset hut）[2]跟我會合。」

我心想，**那個老頭是懂什麼？**我身強體健且年輕氣盛，而他只不過是個瘦高的老傢伙。不過，我很快就發現他懂什麼了。他有超能力——他懂柔術（Jiu Jitsu）。

我們在指定時間來到昆塞特小屋，室內地板鋪了幾張墊子。

「很好。脫掉鞋子，然後去那邊排隊。」士官長指著牆壁說道。我們聽令行動，我已經感覺到我的自信開始消失。「找位子坐下。接下來，你們一次一個人來攻擊我。如果你們認輸了，就用手拍墊子或是拍我三下。」

士官長說完之後就只是躺在地上。我們其中一人起身走過去撲向他，但不知怎的，某種神祕力量讓那名年輕的海豹隊員翻倒在地，脖子被士官長勒住，隊員驚慌的拍地認輸。士官長再度四肢攤開的躺回地上。「下一個是誰？」

我決定上陣，於是起身走過去。我不會犯下先前隊友魯莽冒進的錯誤，而是打算慢慢來，審慎明智的採取行動。士官長似乎並不擔心。雙方扭打了幾招，我試圖抓他的腳，但當我一抓住，他就纏住我並扭轉我的身體，箝制住我一隻手臂且拉伸到幾乎脫臼，這時我便立刻認輸。

整個過程持續了將近一個小時，受害者接連不斷，士官長一再使我們認輸。最後，當我們全都大汗淋漓、氣喘吁吁，累到沒辦法再挑戰時，士官長看著我們說道：「歡迎來到格雷西柔術（Gracie Jiu Jitsu）[3]的世界。」

這位海豹部隊士官長名叫史蒂夫·貝利（Steve Bailey），他在格雷西家族位於加州托倫斯（Torrance）的車庫接受過一年多的訓練。他曾說：「我只拿到了白帶。」我對武術所知不多，但我知道白帶代表這個人只是初學者。**他輕鬆擊敗了我們**。我難以想像

2 譯按：一種半圓形的預製組合小屋，美國於二戰期間大量生產。
3 譯按：巴西柔術創始於巴西的格雷西家族，故巴西柔術與格雷西柔術常彼此代稱。

黑帶能做到什麼程度。我同時也明白另一件事情：我需要學習這個叫「柔術」的東西。

幾個月之後，第一屆終極格鬥冠軍賽（Ultimate Fighting Championship, UFC）在科羅拉多州丹佛舉辦。大部分人都在猜測誰能奪冠，但我們這一小群開始了解到柔術威力的朋友，已經知道誰會是贏家——那個姓格雷西、體格削瘦的巴西人。他是荷伊斯・格雷西（Royce Gracie，作者希克森〔Rickson〕的弟弟），終極格鬥冠軍賽的首位冠軍。

這是我接觸柔術的起源。後來我在聖地牙哥，接受一位巴西籍、名叫法比奧・桑托斯（Fábio Santos）的柔術黑帶指導。當我試著了解柔術界的歷史、哲學與階級時，有個名字一再出現。那就是格雷西家族最出色的成員，他是未嘗敗績的鬥士，技藝的極致，柔術界中無可置疑的大師——希克森・格雷西。

傳說中，希克森曾在里約熱內盧街上為捍衛格雷西家族的名譽而戰。他在競賽場上的光榮故事多不勝數，他在賽墊上展現出的實力蔚為傳奇；他是一道勢不可擋的力量，許多對手甚至在戰鬥開始之前，便已經在心理上認輸。簡單來說，希克森・格雷西是柔術界的至尊宗師。

我當然對這位傳奇人物心生嚮往，期盼能跟他交流。幸運的是，我的柔術教練認識希克森；事實上，他的師父是希克森的哥哥勞斯・格雷西（Rolls Gracie），最終被希克森本人授予黑帶。另一個幸運之處則是我在聖地牙哥居住與訓練，而希克森在北方的洛杉磯開設了武館，離這裡只有兩小時車程。

海軍核准我休假前去受訓，於是我租了一個便宜的旅館房間，前往希克森位在皮可大道（Pico Boulevard）上的武館上課。當時希克森正忙於追逐職業格鬥事業，所以他並未指導我抵達時加入的初級班。不過他旗下的教練都曾師從大師本人，從他們給出的細部說明與指示，便能明顯感受得到。

受訓四天之後，我前往武館上另一堂課，但這一次狀況有點不同。先前的課程約有十到十五人參加，而在那一天，武館突然擠滿了人。我心想事有蹊蹺，隨後也證實了我的猜測，因為我在人群中聽到這樣的閒談：「希克森今晚會親自指導。」

我們全都換好道服，站上地墊開始熱身，過程中閒聊著，等待課程開始。接下來，傳聞成真：希克森走了進來。全場一片寂靜。一名助教要我們排成一個圓，然後領頭做操。我從來沒看過柔術的學員們，這麼認真的做開合跳、伏地挺身與拉筋。

最終，希克森向那名助教點個頭，於是對方結束做操，叫我們在地墊邊圍圈坐下。希克森走進圓心，輕鬆的屈膝跪坐。現場安靜到一根針落在地面都聽得見。他那樣坐了一會兒才開始說話，語氣溫和但充滿自信。

他談到柔術，談到攻擊與防禦，談到體重的分配與加壓，談到槓桿、耐心與時機。他解釋時鉅細靡遺，串連起各個元素，並釐清其中的原理。不只我認真聆聽，所有人都是如此。最後，他傳授了幾個動作。當然，那些都是基本招式，但他深入細節的指示，是我從未體驗過的經歷。學員們兩兩配對試招，期間希克森四處查看並指導改進，例如「在那裡多用點力」、「留了太多空間」，或是「施加的力道不夠」。

一小時後，課堂中的指導階段結束，進入對練時間，學員會跟班上的其他人全力對打作為訓練。我在聖地牙哥的教練已經聯繫過希克森，表示我會過來武館受訓，並詢問希克森是否願意與我對練。希克森走向我，問我想不想跟他一起訓練。「是的，先生！」

那時候的我是柔術藍帶，體格精實、體重一百零二公斤。我每天都會健身，而且努力鍛鍊柔術將近兩年，參加過藍帶階級的競賽並多次取勝。在聖地牙哥時，我每天都會跟迪恩·利斯特（Dean Lister）——他後來榮獲世界冠軍——訓練，也跟許多柔術高手過招。我心神專注、積極進取且意志堅定。

但這一切都沒有用。儘管希克森比我輕了十八公斤，他卻讓我感覺像孩童般無力。他輕而易舉的控制住我的動作，鎖住我的四肢，迫使我一再認輸。我努力奮戰，用了一個又一個技巧且臨場調整，試圖打他個出其不意。我把自身所有的力量、技藝、花招和努力都使了出來。

我的抵抗終歸徒然。我什麼事都做不到，完全沒有辦法。

在他厭倦我掙扎求勝的可悲嘗試之後，我們結束對練並聊了一下。他問起海豹部隊的訓練，並對我軍職中的戰士文化感同身受。他也對我的柔術表現給出評價：「你在陷入不利姿勢時，仍然能出色的保持冷靜。這很重要。」

課堂隨即結束，我跟希克森握手，感謝他花時間指導我並分享知識。

後續幾天，我思索著他告訴我的事情：「**你在陷入不利姿勢時，仍然能出色的保持冷靜。這很重要。**」我理解到，這一點不只適用於柔術，也適用於我在海豹部隊的任務。你會陷入不利的處境，敵人可能占了上風，你可能承受人數或火力方面的壓制。驚惶失措將會摧毀你。你必須保持冷靜。

這只是個開端，後來我日漸從柔術、戰鬥、領導、事業，甚至人生之中看出關聯性。隨著我繼續學習柔術，發展我在海豹部隊的職涯，它教會了我許多事情；不過希克森講述的那些話語，才真正啟蒙我走上這段旅程。**柔術的道理能運用在人生中的所有面向。**

當陷入不利的處境時，你必須保持冷靜。

你必須運用假動作來掩飾與隱藏你的意圖。

你必須使用最簡單且最有效率的做法。
你必須為自己投注的心力排定優先順序。
你必須在正確的時機行動。
你必須保護關鍵的區域。
你不該朝著敵人的強處攻擊。
你務必要運用槓桿原理。
你不能讓情緒引導決策。
你必須建立良好的基底，才能向上發展。
你不能過度強勢，但也不能僅是隨波逐流。
當你做出行動時，必須對自身的作為有信心。
你必須保持心靈強韌。
你必須保持開放的心態。
在不斷強化基礎之餘，你還必須持續學習新技巧。
你必須隨著事態轉變來調整計畫……
這張清單我怎麼列都列不完。

當我作為海豹部隊作戰主官派駐至伊拉克時，我不斷運用自己從柔術中體悟的這些基礎原則。如今我回到民間，作為企業家、教師、父親與教練，我也持續運用這些概念。柔術給予我不忘謙遜的自信、帶有慈悲的力量，以及開明靈活的紀律守則。正如希克森所說，**柔術不只是一項運動；柔術是一種哲學，是我們所有言行的根基**。

柔術是一道連接人群的紐帶，我很榮幸能跟希克森以及世界上許多柔術高手產生聯繫。對我來說，能受邀為本書撰寫推薦序是一種榮耀，這不只是因為希克森曾經指導我柔術，更是因為希克森與柔術為我點出了人生的奧祕。

本書是那些教導的延伸，提醒我們其歷久彌新的威力。克服恐懼、接受失敗、勇敢不屈、行事有方、鍛鍊實力、恪守榮譽、自尊自重、寬宏大量、遵循戰士的作風。

享受這本書，從中學習，然後去鍛鍊柔術。

但最重要的是：希克森，謝謝你為柔術、為整個世界，以及為了我所付出的這一切。

我會繼續心懷榮耀，盡全力展現這項戰士傳統。

喬可・威林克
二〇二〇年十月

# 第1章

# 格雷西家族

我出身自驕傲好鬥的氏族[1]，悠久血脈起源可以追溯到蘇格蘭，那裡是世界上偉大戰士文化之一的發源地。羅馬人在西元一到三世紀多次入侵蘇格蘭（當時叫喀里多尼亞〔Caledonia〕），但凶猛的獨立民族們奮戰抵抗，其狂暴程度甚至讓強大的羅馬軍團印象深刻。而在沒有跟羅馬人或英國人爭鬥的時候，這些氏族則彼此交戰，他們的**領袖就算面對極端不利、勢成敗局的情況，仍然願意在前線領軍並慷慨赴死**。

即使我是在好幾個世紀後的另一個大陸出生，那些價值觀跟我家族的立身處世原則並無太大區別，他們也試著把這些原則傳承給我、我的兄弟與堂表親。就像我們的蘇格蘭祖先，在格雷西氏族之中，唯有透過打鬥才能讓你成為受人敬重的成員。如果有人表現得格外出色（例如我），就會成為氏族中的寵兒，而那人在完成武術行旅之後，便會被視為可敬的領袖。

格雷西氏族在一七〇〇年代開始遷離蘇格蘭敦夫里斯，決定前往美洲尋求發展機會。我的遠親阿奇博爾德．格雷西（Archibald Gracie）在一艘船上裝滿值錢貨物，航向紐約市並賺了一筆小錢，隨後便與美國開國元勛之一：亞歷山大．漢彌爾頓（Alexander Hamilton）開啟了航運事業。

阿奇博爾德位在紐約市東河畔的宅邸名為格雷西莊園（Gracie Mansion），這個名字讓我聯想到我的家族在巴西特雷索波利斯開設的牧場，只是換成了美國殖民地時期的版本。格雷西莊園曾是許多名流週末聚會消遣之處，藉此遠離市區的酷熱與髒亂，出席者涵蓋未來的美國總統、商界巨擘和歐洲名士。而自一九四二年起，該處成為了紐約市長的官邸。

阿奇博爾德的兒子（小阿奇博爾德）是成就非凡的紐約商人，其孫兒阿奇博爾德三世[2]則是一名戰士。他就讀西點軍校時，獲得了校長羅伯特·愛德華·李（Robert E. Lee）的賞識。他在閱兵場上跟人爭執並遭毆打，當三世被叫進校長室時，他拒絕說出起爭執的另一方。而對方自首後，校長也決定不懲罰這兩個人。

在美國內戰爆發時期，阿奇博爾德三世擁護邦聯方（南方）。他參戰時是少校，並且在歷經數場激烈戰鬥的英勇表現之後，以二十九歲之姿晉升准將。在一八六四年的維吉尼亞州彼得斯堡（Petersburg）圍城戰之中，他建設了「格雷西突出部」（Gracie Salient），這是一處防禦工事的傑作，布滿了戰壕、散兵坑、路障與砲兵坑，用來阻擋

1 編按：原始社會由血緣關係結成的基本社會組織，成員相信共有一位創始的祖先，但其正確譜系關係不一定能清楚追溯。

2 編按：其子格雷西四世也是一名軍人，且是鐵達尼號事故中極少數存活下的落海者之一。

聯邦軍進犯。

為期九個月的彼得斯堡圍攻戰役期間，李將軍曾來檢視格雷西的陣地。該處離聯邦軍的前線只有幾百碼之遠，當李將軍試著探頭查看牆外的敵軍士兵時，格雷西則爬到牆上站直，彷彿他要作為人肉盾牌擋在邦聯軍指揮官前面。

李將軍驚訝的說：「啊，格雷西，你這樣肯定會陣亡。」

格雷西回答：「將軍，我死總比您死好。等您蹲下，我就會下來。」

李將軍活過了內戰，但阿奇博爾德三世未能倖存，他在彼得斯堡被迫擊砲彈命中身亡。當李將軍接獲消息時，他寫道：「這讓我深感悲痛，我不知道有誰能取代他。」

巴西這一側的格雷西家族，也同樣滿是大膽無畏、精力充沛的人們。我的高祖父喬治・格雷西（George），在一八二六年離開敦夫里斯並來到里約熱內盧。起初他在進出口業界任職，後來與巴西的上流家族聯姻，成為巴西銀行（Bank of Brazil）的主任。他的兒子佩德羅・格雷西（Pedro），即我的曾祖父，也是知名的銀行家。

佩德羅的兒子，我的祖父蓋斯托・格雷西（Gastão）在德國受教育並獲得化學學位，於歐洲完成學業後，他搬至巴西貝倫，這是一座接近亞馬遜河匯流口的港都。雖然蓋斯托受訓成為外交官，但祖父的個性一點也不圓滑。他脾氣火爆、性格衝動，而且花錢的速度比賺錢快。他已經來不及從亞馬遜橡膠熱潮中牟利[3]，於是他開始賭博、製造炸藥與經營馬戲團。

## 起源於日本的格雷西柔術

這個「美國馬戲團」（American Circus）自全球邀集高手到貝倫與巴西挑戰者比賽，其中一位來到亞馬遜流域的鬥士，是名叫前田光世的日本人。前田同時修練傳統柔術與較具運動色彩的柔道，在他成為職業鬥士之前，他是日本最厲害的柔道家之一。日本傳統柔術是源自戰場上武裝交戰的技藝，不過在一八八〇年代末期，嘉納治五郎創立了柔道，將之轉變為不使用武器、更具安全性與運動性的新型態。

前田光世在一九〇四年離開日本，前往美國哥倫比亞大學、普林斯頓大學與西點軍校，公開演示柔道。後來他留在美國，先於喬治亞州、北卡羅萊納州與阿拉巴馬州參加

3 編按：一八七九年至一九一二年，熱潮導致歐洲殖民主義擴張，引起文化和社會轉型，並對當地社群造成巨大破壞。

賞金賽獲勝，接著赴歐比賽。他以孔德・科馬（Conde Koma）或「戰鬥伯爵」（Count Combat）之名參賽，跟全世界的拳擊手、摔角手與格鬥家對戰，勝績多達數百場。當在巴西定居之時，他已經離開日本十年，而且再也沒有回去。

迫於實際打鬥時的需求，這位日本鬥士調整了他在柔道與柔術習得的傳統技巧，讓它們變得更有效。在巴西時，前田不只參加擒拿賽（grappling matches），也參加「無限制」格鬥（巴西葡語 vale tudo，直譯為「所有都可行」）、規則較少的比賽。無限制格鬥比現代的綜合格鬥（Mixed Martial Arts, MMA）更接近街頭鬥毆，參賽者不戴拳套，賽事不依體重區分量級，也沒有時間限制。像前田這樣體格小的鬥士，常常要面對體重遠大於自己的敵手，他必須在打鬥時採用一套既有戰略性、又有耐性的方法。

一九一七年，我的祖父蓋斯托帶著十五歲的兒子卡洛斯去貝倫的和平劇院（Theatro da Paz）觀賞一場格鬥。由於卡洛斯伯父生得金髮碧眼，大家都叫他「小外國佬」卡洛斯（Carlos the Little Gringo），而根據家人們的說法，他好動亢奮，所以總是惹上麻煩。在卡洛斯看到那名身高一百六十四公分、體重六十五公斤的日本人，能夠控制並凌駕體型大得多的對手後，他頓悟到：**使用技術、戰略與智慧的鬥士，可以擊敗只依靠體型與力量的勇夫**。

前田與妻女在貝倫定居，蓋斯托為他引薦多位當地領袖，並協助他取得土地，使日籍移民能夠在雨林中開闢農場。前田也在貝倫開設了一家武術學校，他與一名助教便是在那裡指導我的伯父們——卡洛斯、奧斯瓦爾多（Oswaldo）、喬治（George）、小蓋斯托（Gastão Jr）與其他幾人——經過他調整風格後的柔術。

## 讓小雞成為駿馬

在蓋斯托於一九二〇年代宣告破產後，這群兄弟搬到里約，並開設他們的第一家柔術武館。他們對自己的能力很有信心，邀請各地不限風格的鬥士過來試身手，並以柔術對戰。「格雷西挑戰」（Gracie challenge）可以是觸地認輸即結束的比賽，但我的伯父們也會打無限制格鬥賽。由於我的父親艾里奧是兄弟中的么子，他幾乎把卡洛斯視為父親看待。他後來說，他的成就要歸功於卡洛斯伯父，因為卡洛斯不只教育了他，還賦予他一套立身處世的哲學思想。

當你所有的兄弟都是戰士時，彼此勢必會起爭執。儘管格雷西家族面對外敵會團結抵抗，但家人間總是存在緊張關係，有時也會升溫失控。雖然艾里奧對大哥言聽計從，不過喬治．「紅貓」（George "the Red Cat"）伯父卻另有想法。喬治是優秀的鬥士，在兄弟之中最為健壯，但他天性放蕩不羈，喜歡賭博與參加派對，這使得他常常跟行事較撙節的卡洛斯大哥不合。最終這群兄弟分道揚鑣，只有我的父親艾里奧留下來，跟卡洛斯同甘共苦。有人說他們倆的關係，有如脣齒相依般緊密。

我父親不是家族中最健壯的孩子。他年幼時有眩暈症，醫師要他別運動。他曾說：「我生來體虛，也會這樣到死。是柔術使我變得強壯。」艾里奧無法選擇以力氣強壓，他必須**依靠槓桿、靈敏與時機掌握來彌補力量不足**。我知道底下這句話聽起來會很誇張，但艾里奧跟柔術之間的關係，就有如愛因斯坦（Albert Einstein）跟物理學。

艾里奧透過改良攻守兼備的防守姿勢（guard），使得在背貼地的狀況下，也能運用雙腿夾絞來攻擊對手，讓柔術大為進化；他不只能保護自己免受拳打，還能運用各種勒頸技與關節技來控制並降伏對手。雖然柔道中已經存在這個姿勢，但由於我父親的體格較小，加上無限制格鬥的凶暴本質，於是他調整了該姿勢，並使其更適合現代需求。

艾里奧身材瘦小且外型不強勢，這使得他在推廣一項宣稱能「以智慧凌駕蠻力」的武術時，成為完美的代表人物。在格雷西柔術早年推出的廣告中，其中之一如下：一名削瘦男子帶著性感美女來到里約海灘，卻被魁梧的惡霸打倒並帶走女友。下一幕則是瘦子報名加入格雷西學院鍛鍊柔術，並在幾週之後回到同一個海灘，跟那名惡霸對峙。而這一次，他擋下壯漢的拳，將對方摔到地面並折斷手臂，然後帶著美女離開——人們現在真的不像以前那樣做廣告了。

而對卡洛斯伯父來說，柔術在心理與武術層面都具有同等意義。他相信這項武術治癒了自己在男子氣概方面的憂慮，帶給他自信與心靈上的平靜，因此也能在其他人身上見效。他曾說自己運用柔術，讓小雞變成了駿馬。

## 創造戰士氏族

卡洛斯伯父是個非常古怪的人，他幾乎總是穿著白色亞麻衫，光腳走來走去，而且宣稱由於他跟某個「善靈」有著直接而親密的聯繫，所以他擁有超感官知覺（extrasensory perception）[4]。他經常在日出前起床，於第一道晨曦中冥想，而且全裸做日光浴——因為他相信這樣有助於生出強壯的子嗣。他會聊生理節律、營養學、消化吸收、飲食組合，

4 編按：俗稱「第六感」，能透過正常感官外的管道接收訊息，預知將要發生的事。

偶爾也提到傳統宗教。他相信R、K、C這些字母具有力量，這也是為何我們家族中許多人的名字以這些字母開頭。

卡洛斯獨特的世界觀吸引到一批認同他的追隨者，其中一人是知名企業家奧斯卡·桑塔·瑪莉亞（Oscar Santa Maria），並成為主要贊助者。奧斯卡幫卡洛斯處理投資，協助營運日常業務，讓他能全心投入於格雷西柔術。但在卡洛斯娶了奧斯卡的未婚妻並生下三名子嗣後，雙方的關係變得複雜。追隨卡洛斯三十年之後，奧斯卡轉而成為我伯父的仇敵，且控告他詐欺。

我相信在卡洛斯伯父的人生中，有兩次死亡深深影響了他。年少時，當時的未婚妻罹患傷寒，並在陷入高燒時跳出窗外而身亡。卡洛斯因此非常憂愁，甚至想過自殺。十年之後，為他生下六名子女的首任妻子卡門（Carmen）罹患結核病，當她被送到療養院時，卡洛斯不顧醫師警告該病具有高度傳染性，堅持搬進療養院陪她。即使他會暴露在罹病的風險之中，他也拒絕離開，直到她在一九四〇年過世。奇蹟的是，卡洛斯從未罹患結核病。

兩度遭逢愛人過世之後，卡洛斯決定要盡量生小孩，人數越多越好，男性尤佳，並且鼓勵我的父親也那樣做。他們的目標是創造出一個戰士氏族。在一九三二年到一九六七年之間，卡洛斯與艾里奧跟八位不同女士，共計生下了三十名子嗣，其中二十一名是男孩。當我父親的首任妻子瑪格麗達（Margarida）——我把她視為母親——無法再懷孕時，伯父想出了一個計畫。

父親在我母親知情且同意的狀況下，讓我們非裔巴西人的保母貝琳荷（Belinha）受孕，生下我以及兩位兄長荷里昂（Rorion）與瑞爾森（Relson）。整件事經過精心設計，瑪格麗達在貝琳荷懷孕期間會穿上假肚子，而當貝琳荷臨盆時，瑪格麗達也前往醫院，然後帶著嬰兒回家。連她最親密的好友都不知道內情！小時候我照鏡子看到自己有雀斑，還以為是因為家族中的蘇格蘭血統，當時我根本沒想到自己是一半的非裔巴西人！

我的母親瑪格麗達是受過良好教育、出身上流的女性，她的父親是百萬富翁，擁有一家大型進出口貿易公司與許多地產。在她跟首任丈夫離婚後（這在當時的巴西難得一見），她瘋狂的愛上艾里奧，而他當時還是個莽漢。她不只改善了他的儀表，還引薦他進入里約的上流社會。

儘管瑪格麗達熱情迷戀艾里奧，兩人的關係卻像是一條單行道。艾里奧天性冷淡，他只重視卡洛斯伯父，不在意其他人。他是傳統的巴西硬漢，認為女性就該待在育兒室與廚房。他極端到甚至曾說自己從未愛過女人，因為愛是軟弱的表現，他進行性交純粹是為了繁衍後代。在他的心目中，他的使命比這一類的感性更重要。

雖然卡洛斯與艾里奧兩人為了創造戰士氏族的使命而組成團隊，但他們擔當的角色大為不同。我在一九五八年出生，那時卡洛斯已經五十多歲，完全沒有參與我的武術訓練。他是我們家庭中的營養師與哲學家，負責格雷西家族的飲食。卡洛斯相信**疾病是身體表達抗議的形式，提醒你有地方出狀況了**。他告訴我們食物會對血液造成酸鹼反應，而他的計畫是排除酸性因子。我父親不吃肉。而儘管我吃牛肉、雞肉與魚肉長大，但分量都有所節制。

此外，重要的不只是你吃了什麼，你在何時吃、搭配哪些食物也同樣重要。格雷西家族通常會吃一道澱粉、一道蛋白質，接著是一道沙拉。我從來不會同時吃米飯與豆類。各餐之間會相隔五小時，讓身體能夠吸收食物之中的營養。

對我們來說，甜食並非餅乾與冰淇淋，而是木瓜、芒果、無花果或西瓜汁。糖類、加工食品、酒精和咖啡，全都受到嚴格禁止。我從小到大都一直認為，吃巧克力就跟喝老鼠藥一樣嚴重！可口可樂？是毒藥！蛋糕與餅乾？也是毒藥！我們小時候都很訝異，卡洛斯伯父怎會花那麼久的時間用餐——他每一口都要嚼超過一分鐘，一小盤食物得花上一小時以上才吃得完。

## 不能隨波逐流，除非……

如果卡洛斯是我們的哲學家，艾里奧就是我們的將軍。我們全都該像他一樣戰鬥、飲食以及具備勇氣，這可不是簡單的事。卡洛斯伯父的價值觀屬於心靈與玄學層面，我父親則更近似於那些日本武士。他們倆兄弟都相信轉世，艾里奧認為自己的前世是日本戰士。曾經有位靈媒宣稱自己能看到人們的前世，有次她跟家族友人拜訪我們的牧場，當靈媒看到我父親時，她便開始哭叫抽搐起來，然後說：「你以前是個殘忍的日本幕府將軍！」

艾里奧不會只是空口說白話，他可能是我所見過最勇敢的人。一九四七年，他與卡洛斯在阿布洛霍斯群島（Abrolhos Islands）附近的開放海域乘船；夕陽西下時，某人大喊：「有人落海了！」於是船長停下船隻，船員開始操作救生艇，將它降至波濤洶湧的海面。救生艇雖然成功划到溺水者附近，船員卻沒辦法在確保不會傾覆的狀況下，將溺水者拉至艇內。他們敷衍的試了兩次，然後就怕得不願再試並開始往回划，決定讓那人溺死。

我父親與伯父在甲板上看著這場悲劇。當艾里奧看到救生艇往母船划時，他轉頭對

格雷西家族的哲學家卡洛斯，攝於里約熱內盧，1988 年。
照片出自：馬可仕．普拉多（Marcos Prado）/@REVISTATRIP, 1988

我伯父說：「幹！他們要讓那個人死掉！」接著他脫到只剩內褲，然後跳進海裡，並在游過救生艇時喊道：「回去！」於是救生艇轉向，跟著他划回溺水者所在處。

父親順利將溺水者拉出水面，讓船員能把人拖回救生艇。那時候天色漸暗，救生艇上有一名船員也陷入恐慌，並且說：「我們會沒辦法回到母船！」然而在焦慮開始擴散之前，我父親便接下那人的槳，然後說：「大夥們，動起來！我們一起划回母船！」他的果決與自信讓船員們鎮靜下來。等他們返回船邊時，狀況已經糟糕到足足花了將近一個小時，才把救生艇成功拉上甲板。如果我父親沒有發揮他堅定無畏的心態，鼓勵救生艇上的船員行動，恐慌將會如野火般蔓延。

情緒具有傳染力。艾里奧曾說，**你必須在情緒的波濤淹沒自己之前打破它**。以汽車銷售員為例。當你走進賣場時，一名業務攔下你並開始推銷：「你今天就可以開著這輛新車離開賣場！不用付頭期款！」你當然想要新車，自然也不想付頭期款，但如果你讓銷售員越講越有氣勢，最終他會說服你同意他想要的一切。

**你不能隨波逐流，除非你事先知道自己最終會被帶到何處**。相對來說，當銷售員靠近你的時候，你可以說「不用了，謝謝」來打斷他的氣勢——這下子他得重整旗鼓了。我父親相信，如果心靈與意志不夠強壯，終生都會被自己的欲望與弱點拖著走，把人生虛擲在你並不想要的東西上。

我出生時父親已經是巴西體壇的風雲人物之一。他不只是一位極端強悍的鬥士，也是一位出色的表演家，曾經公開挑戰當時拳擊界的多位偶像，如普里莫・卡內拉（Primo Carnera）、喬・路易斯（Joe Louis）與伊桑・查爾斯（Ezzard Charles）。雖然這些拳擊手全都拒絕比賽，不過在一九三二年，美國摔角手佛瑞德・埃伯特（Fred Ebert），接受了當年十七歲的艾里奧提出的挑戰。埃伯特比艾里奧重約二十九公斤，但他們對戰了一小時又四十分鐘，直到裁判中止比賽。兩年後，父親又與體重一百零二公斤的世界摔角冠軍瓦迪克・茲比史可（Władek Zbyszko）對戰並打成平手。

一九五一年，日本最偉大的柔道家木村政彥來到巴西時，艾里奧也向他下戰帖。木村表示，如果我父親能先擊敗與他同行的黑帶加藤幸夫，他便願意接受挑戰。父親與加藤的第一戰打成平手，但在第二戰時以勒頸技將對方勒到失去意識，得以跟柔道大師進行比賽。

艾里奧與木村的比賽在一週之後舉行，賽場馬拉卡納齊諾（Maracanãzinho）體育館湧入兩萬名觀眾，連巴西總統也是座上客。木村比我父親重約三十六公斤，把他在擂臺內像是布娃娃般四處拋摔，卻始終無法使出致勝一擊。我父親甚至一度失去意識，但因

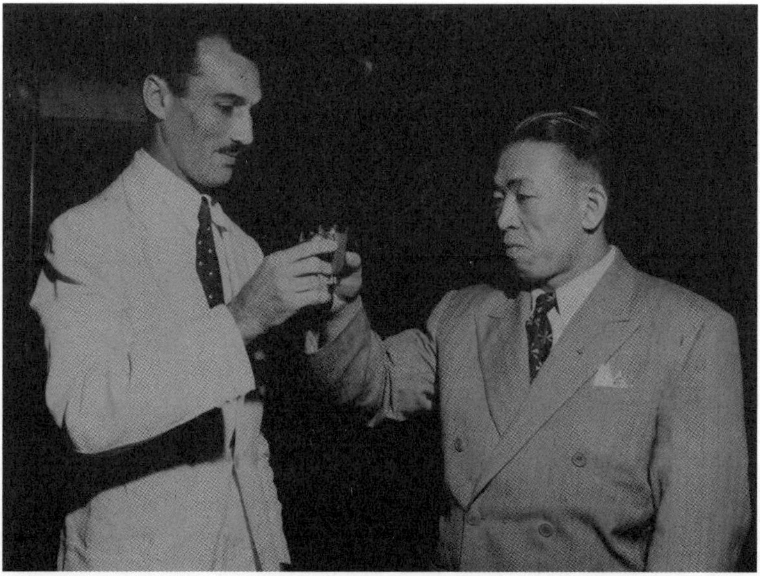

艾里奧跟日本柔道傳奇之一加藤幸夫。
照片出自：希克森．格雷西的收藏

為他沒有拍地認輸，木村以為勒頸技沒成功而鬆手，使他能夠恢復知覺。

比賽開始十三分鐘後，木村成功使出一記腕緘（bent-arm lock，音同「間」），不過艾里奧拒絕認輸，於是木村開始扭轉與拉扯他的肩膀。最後艾里奧還是不投降，但木村不斷加重扭轉的力道，於是這時伯父卡洛斯扔出毛巾結束比賽。後來父親表示，他從木村身上獲得了武士精神，並把那個腕緘招式命名為「木村鎖」（kimura）。

艾里奧並不是為了金錢或名聲打鬥，他是為了格雷西家族的榮譽而戰。一九九五年他已四十四歲且從格鬥界退休，但沃德瑪·「黑豹」·桑塔納（Waldemar "The Black Panther" Santana）向他發起了挑戰。這名肌肉發達的非裔巴西籍大理石切割工，比艾里奧重約二十七公斤，並且年輕十六歲。桑塔納曾經接受我父親指導，是我堂兄卡爾森·格雷西（Carlson Gracie）的訓練夥伴兼好友。他以前是格雷西武館的更衣室員工，但在跟艾里奧發生爭執後辭職。

我父親與桑塔納同意進行一場不限時的無限制格鬥賽，地點在里約一家基督教青年會館，一大群觀眾鬧哄哄的看著他們打鬥了三小時又四十八分鐘。最終，桑塔納以一記頭部踢擊將我父親打昏。與一九五一年輸給木村時相同，艾里奧這次也承認了桑塔納是在公平對決中戰勝他，但他很自豪自己沒有退賽，也從不認為自己被打垮。這一點後來成為格雷西家族非常重要的特質。

## 嬰兒勇氣考驗

我們從很小的年紀便被灌輸這個觀念：**輸並不可恥，退賽或拒絕戰鬥才是丟人之舉**。同一年稍晚，卡爾森堂兄為我父親報了仇，在馬拉卡納齊諾體育館擊敗桑塔納，成為家族中毋庸置疑的冠軍鬥士，同時也是巴西體壇的新偶像。

我的兄弟、堂表親與我本人，全都希望自己能夠效法艾里奧與卡爾森，扛起家族的旗號參與戰鬥。父親與伯父試圖將勇氣灌注到我們心底，甚至從嬰兒時期就開始做起。

格雷西家族的其中一項傳統，是在男嬰過第一次生日之前把他們拋向空中，藉此建立他們的自信心，並促進父子間的信賴。

這是一項循序漸進的過程。起初你只是放男嬰在掌中稍微舉起，接著是拋高他們幾公分才落回手裡，再來是幾十公分高，然後不斷增加。我父親與伯父會拿某些嬰兒來玩拋傳，例如我與哥哥勞斯。並非所有格雷西家族的嬰兒都能通過這項考驗，我相信他們把它當成某種測試，用來判斷在我們之中，誰有望成為能參加比賽的鬥士。

我最早期的童年記憶之一，是四歲時跟大家來到科帕卡巴納（Copacabana）的海灘。當格雷西家族前往海灘時，我們不會只是堆沙堡。父親當時會叫我們握住輪胎的內胎，然後拉著大家進到海裡，每次都會越游越遠。有天他說：「小子們，來吧，今天我們去看基督像。」當天他把我們拉進海裡之後游得非常遠，使我們可以越過擋住視線的建築，看見提呼卡國家公園（Tijuca National Park）內三十公尺高的基督像，它座落於距離里約將近兩公里遠的駝背山上。正當我們看見救世基督像（Christ the Redeemer）時，內胎突然破了個洞，空氣開始快速漏出。父親先是安撫大家，接著把我放在背上，然後說：「那麼，小子們，我們得游回去了。」大家毫無一絲猶豫，全都盡力游泳，且安然無恙的返回海灘。

## 「如果你打輸，我會給你兩個禮物」

即使面臨死亡威脅，我父親仍然能保持鎮靜。五歲時，我們曾坐著他的吉普車前往鄉下母親繼承的一處房產。艾里奧負責管理出租事宜，但由於在費用方面出現爭議，他切斷了某些住戶的用水。突然間，一輛福斯貨車切到我們面前，父親用力踩下剎車，車

格雷西家的傳統：抛接嬰兒，藉此辨識出誰是真正的鬥士。
圖為卡洛斯與艾里奧將勞斯抛到空中。
照片出自：希克森．格雷西的收藏

子猛烈打滑，幾乎要把我甩出車外，最後才勉強停下。一名巴西議員帶著他的兒子與幾名帶槍的手下，從貨車跳了出來，並且包圍住我們。

那名議員說：「你竟敢切斷我的水！去死吧！」

由於人數與武力皆處劣勢，艾里奧試著說服對方；他一度沉默不語，心裡已做好最壞的打算。其中一名手下對我父親開槍，但子彈只擦過耳垂。當艾里奧跌向地面時，另一名手下射擊他的腿。

我大喊：「別傷害我爸！別傷害我爸！」

但他們把我推到一邊，並用槍托毆打我父親的臉。我認為他們原本打算殺掉他，可是因為我在場所以沒有那麼做。

那名議員說：「我還以為你很強悍！我隨時都能殺掉你！如果你再阻撓我做生意，我就會動手！」接著他們回到貨車上並開走，放著我父親倒在泥地上的血泊中。

我感到非常不安，但父親相當冷靜。他單手環抱住我，並且說：「兒子，別擔心，一切都會沒問題的。」

儘管那些惡棍威脅艾里奧如果通報警察就會殺死他，但在處理完傷勢之後，他就直接前往警察局報案。最終，他與那名議員達成不和平的和解。

我父親是個嚴厲且要求很高的老師，但他並不會像今日我在柔術場上看到的某些家長那樣逼迫孩子。如果父親總是在對孩子叫罵，孩子怎麼會想訓練呢？我父親了解這一點，他傳達的訊息始終是：「如果你贏了，那很棒！但如果你輸了，那就站起來，再試一次！」

我對柔術最早期的印象是它很有趣，甚至可說是很好玩。父親在里約市中心開設的武館，使用了一整層豪華辦公大樓，給人的感覺更像是鄉村俱樂部而非柔術道館。每名學生都有自己的置物櫃，而且每次訓練時都會拿到一套乾淨的道服與毛巾。

格雷西柔術的初階課程由四十堂防身術組成，專注在提升學生的自主能力，目標是讓他們在精神、體能與心理上**為肢體衝突做好準備，並且建立起自信心，藉此賦予心靈上的平靜**。父親精心挑選的教練團隊，每天會開設上百堂私人課程，對象是巴西商界與政界領袖。這些課程要價不菲，內容多半不對外公開，而且艾里奧對這些教練的管控極為嚴格。他們不只要遵循一套設計嚴謹的防身術課程，而且每遲到一分鐘就會被罰錢。

我們這些孩子一開始去武館，只是過去玩拔河或踢足球。我們是慢慢接觸到柔術，跟現代我所看到的狀況截然不同。目前有太多家長在孩子準備好之前，就催促他們參加競技比賽。但是對年少的孩子來說，柔術應該只被當成一種有趣的娛樂形式，讓他們可以透過運動與結構化遊戲的做法來熟悉身體動作。等他們年紀稍長，你可以加入更多柔術技巧，但應該要讓它保持有趣。如果你過早催促孩子或是逼過頭，他們將會永遠放棄這項運動。

家長永遠不該為了自己未能實現的雄心壯志、挫折、焦慮或任何形式的情感包袱，而把重擔強加在孩子身上。家長必須持續不斷的表現支持。最重要的事情是，不論孩子是勝、敗或打成平手，他們都能在不受批判的情形下吸取經驗。

我對柔術競技的第一道記憶，甚至跟柔術或打鬥本身無關，而是父親在我上場比賽前傳遞的訊息，那些話讓我終生難忘。當時我只有六歲，沒有相應的量級，所以父親把我跟其他較年長的孩子放進同一組賽程。正當我要踏進賽場時，他對我說：「希克森，如果你打輸，我會給你兩個禮物；如果你打贏，我會給你一個。」

當我知道父親不會因為我打輸而生氣時，我的壓力逐漸消失。我輸掉了那場比賽，但由於父親並未發怒，我也並不感覺難過；他反而以我為傲，因為我勇於和更年長的孩子對戰。我滿心覺得自己受到認可，毫無責怪或壓力。

從童年開始接觸柔術的孩子，得到的不只是強健體魄與好勝心。柔術比柔道或空手道更為多變，過程中不只需要**侵略性**，還需要**耐心**，迫使修習者發展出能夠在**不安穩的**

**情境下尋得安穩的戰略**。這正是柔術與摔角、柔道不同的地方。

## 獵人・長矛・豹

艾里奧總是強調敏銳、時機與決勝直覺的重要性。他喜歡跟我們講述各種關於打鬥的故事，天曉得是否真有其事，但我們相信是真的。他最喜歡的其中一則故事，是印第安人在巴西的雨林用矛狩獵美洲豹。他把這則故事當成比喻，要我們效法其中的概念來施展側踢（side kick，巴西葡語 pisão）——這個招式的功能跟刺拳（jab）相似，用來攔截與阻止對手近身。

當印第安獵人發現樹上有美洲豹時，會發出聲音來吸引牠的注意力，然後容許那隻大貓尾隨自己。獵人很聰明，不會貿然揮舞長矛，而是將之隱藏起來。美洲豹是伏擊型的掠食者，牠們會跳到獵物背上，然後咬斷對方的後頸。獵人會讓美洲豹接近到牠足以發動伏擊的距離，但當牠跳起來、完全投入攻擊時，獵人便會迅速轉身，將矛尖戳進大貓的胸膛。

「你得跟印第安人一樣！」艾里奧會這麼說：「你得有勇氣讓美洲豹進到牠認定自

己能抓住你的距離，讓牠發動攻擊，這時你再效法印第安人用矛的方式，以側踢攔截對方。」父親接下來會明確說道，欠缺時機與戰略的匹夫之勇，並不足以擊殺美洲豹，接著再把它跟打鬥相連結──「如果跆拳道鬥士想要踢你的臉，他首先得進到攻擊距離。如果你能用自己的踢擊攔截他的腳，他就永遠無法穩穩的發動進攻。不過，你得跟印第安人一樣，首先要對自己攔截的能力有信心！」

我從小就得以近距離默默觀察恐懼、勇氣、積極與怯懦。我會注意人們的一些小事，因為其中會透露出對方真實本性的線索。那些事多半平凡無奇，例如怎麼握手、獲勝時會做出什麼表現，以及落敗時又會如何反應──但我能從中了解許多事。

我常常納悶，為何某個狠狠痛打我的傢伙，始終找藉口拒絕跟我的兄長們訓練。我不會批判他們，我只是知道自己不想變得跟他們一樣。

艾里奧看著荷里昂與瑞爾森在海灘上對練。
照片出自：希克森・格雷西的收藏

第2章

# 在戰士中長大

七歲時，我開始真正明白自己的家庭跟其他人大為不同。那是我第一次上學，當母親送我到學校時，我驚訝的看到同班同學抓著各自母親的腿不放；有人在哭，有人甚至像嬰兒那樣尿濕褲子。當老師問我們長大後想當什麼時，其他同學說的都是尋常的答案：消防員、護士、警察或老師。但當她問到我時，我毫不遲疑的說：「當鬥士！當冠軍！」我想跟我父親一樣。

當我帶著蘋果與全麥麵包到學校當午餐時，其他孩子會求我讓他們試吃，而我會說：「你可以嘗一點點，不過就這樣了，因為我不想吃你的鬼東西。」放學去某位同學家裡拜訪時，他打開冰箱，裡頭放的全是一盒盒包裝過的食物。我根本不知道那是什麼，因為在我們家裡的冰箱，只會放紅蘿蔔、蘿蔔、蘋果與鮮榨果汁。而我們唯一會吃的麵包，是自製的全麥麵包。

有天，有個同學吹噓他有五個兄弟姊妹。我聽完一笑，告訴他我伯父有二十一個孩子與七名妻子！同學們不相信我，於是我向他們解釋，其中有些女性在生下孩子後就離開了。當時我並不知道，自己的生母也是其中一個！儘管這對我來說似乎很普通，但從同學們的表情來看，我知道對他們來說這並不正常。

即使只有七歲，我的世界觀已經成形——受到柔術、家族的戰士精神，以及兄弟與堂表親的影響。如果艾里奧是將軍，那麼我的兄弟與堂表親便是他的校尉、士官與士兵。格雷西家族是一群硬漢。

每次我們去看電影時，某位親戚總是會帶著一張大鈔，等到要付錢搭公車或買電影票時，他就說：「你們先幫我付，我沒有零錢。」有天，大家群起反抗，要求他為所有人出錢。如果有某個兄弟知道你怕蜘蛛，他就會抓來放進盒子裡，然後找機會嚇你。我從小時候就學到，永遠不能放鬆警戒。

在我們練習時，我都會興致勃勃的研究每個兄弟，他們各有不同的強處與弱點。我想要知道：誰勇敢？誰害怕？誰會奮戰到死？誰行事瘋狂？誰優柔寡斷？沒人比勞斯哥哥更讓我印象深刻。勞斯比我大將近十歲，他既是我們的領袖，同時也是我的偶像；因為他不只具有非凡的個人魅力，又是一位天生的戰士。

## 找到地獄裡的舒適感

勞斯是卡洛斯伯父的兒子，生母克勞蒂雅是一位十八歲、在我們家族工作的女性。因為我母親瑪格麗達已無法生育，所以卡洛斯伯父在勞斯還是嬰兒時，就把他交給我父親，我父親也視他如己出。勞斯跟我們一起長大，我童年時期多半是跟他共用房間。克勞蒂雅在勞斯大約十歲時搬去紐約，並且在漢莎航空（Lufthansa）就職。這項工作的其中一項好處是能以優惠折扣購買機票，讓勞斯比我們之中任何人都更早環遊世界。他學會了英語與義大利語，不論是在公園大道還是哈林區的爵士酒吧，他都同樣輕鬆自如。

勞斯的開放心態有助於他鍛鍊柔術，因為他願意從柔術以外的領域尋找新想法，其他族人則未必如此。勞斯曾受訓並參與柔道、摔角與桑搏（Sambo）[1]的競賽，並將它們用來改善柔術。他跟艾里奧一樣，總是希望自己能讓對方投降，採用積極攻擊的打鬥風格。如果我讓勞斯失望了，我會不惜一切來彌補。

十三歲時，有個大個子對我使出了頭部固定（headlock），緊緊挾住我的頭，然而我並未保持鎮定保護頸部，反而慌張的掙扎，最後落得拍地認輸。我對自己在勞斯觀賽時認輸覺得很丟臉，於是回家後，我要他用地毯把我捲起來，十分鐘內不管我叫得多大聲、哀求得多懇切，都不要放我出來。

那時是夏天，里約很熱、地毯很臭。被捲進地毯的前幾分鐘，我以為自己會窒息而死，但在我甘心聽天由命、擁抱不適感之後，我的呼吸平緩了下來，也完全察覺不出時間流逝。隔天，勞斯把我捲進地毯十五分鐘；過完那週後，我已經克服了自己的恐懼。

這次的經驗，教會我一項關於柔術的重要教訓：有時候，**關鍵並不在於逃脫，而是盡量在地獄般的情境中尋得舒適**。即使是轉動肋骨，讓自己稍微容易呼吸這樣的小事，都可能成為勝負的分水嶺。與其說這是技術層面的訣竅，對我而言，它更是心理層面的領悟。

當勞斯教我柔術或帶我去衝浪時，他是一位寬宏的老師；但他也有可怕的一面，因為他從來不考慮後果。十二歲時，有次我單獨在家裡看電視，看見勞斯帶著幾個朋友進來並關掉燈。接著他打開窗戶，朋友從袋子裡拿出一把烏茲衝鋒槍遞過去。勞斯對著窗外開槍。**砰砰砰！砰砰砰！**「這東西真棒！」他說道。

我們的房子面向瓜納巴拉灣，離另一側海灣將近兩公里遠，所以勞斯不太可能射到人，不過我仍驚恐的看著他在彈殼彈出時不斷瘋狂大笑。接著我們聽到警笛聲，於是勞斯叫大家都躲在地板上。雖然警車最後開走了，但我還是很害怕，因為當時的巴西處於軍事獨裁統治時期。

勞斯認為巴西的獨裁統治是錯誤的，也認識了一些參與左派起義活動的朋友。一九

1 編按：俄羅斯自衛術，桑搏一詞意為「不帶武器的防身術」。

希克森（前排中）跟兄長勞斯、瑞爾森與荷里昂。

照片出自：希克森・格雷西的收藏

六〇年代，有個名叫國家解放聯盟（Ação Libertadora Nacional）的馬克思主義組織，在巴西各地發起炸彈襲擊與綁架行動；它們指責巴西的獨裁政府，把國家賣給美國與美籍跨國企業。在其成員綁架西德與美國的大使，藉此要求釋放政治犯後，獨裁政府麾下的社會與政治秩序部（Department of Social and Political Order）開始強力掃蕩。這個聯邦警察機構，會逮捕並刑求任何他們懷疑協助國家解放行動的人士，甚至不惜下殺手。

勞斯有個叫瑞可（Rico）的朋友，他是國家解放聯盟的成員，幾乎隨身攜帶裝滿槍枝與手榴彈的袋子。雖然勞斯並未加入，但他讀過他們的左派書籍，支持他們提倡的原則。社會與政治秩序部懷疑勞斯與我堂哥荷布森（Robson）是革命派，於是逮捕他們。荷布森的格鬥生涯就此告終，後來他成為直言不諱、富有街頭智慧的人士。

當門外傳來那陣出乎意料的敲門聲時，我大概十三歲，正好跟父母一起待在家裡。父親過去開門，兩名聯邦警官站在他面前，其中一人說：「格雷西先生，恕我直言。你兒子跟我們說，你家有一把軍方的武器。我們是過來收繳的。」

父親起初說家裡沒有槍枝，但警官說：「格雷西先生，我們相信你，但你必須徹底確認。如果你的兒子在這件事上撒了謊，問題會很嚴重。」

於是我父親請警官在沙發上稍待片刻，然後轉身對我說：「希克森，去你哥的房間，找看看有沒有那把槍。」我走進勞斯的房間翻找，並在衣櫥深處找到一把黑色的大槍。那是FN FAL，巴西軍方的制式步槍。

我帶著槍走回客廳，把槍交給警官。對方說：「這正是我們在找的槍。」雖然勞斯遭逮捕後被要求脫光衣服並拍照存證，但他在同一天就獲得釋放。

當勞斯回到家時，他看起來嚇壞了。艾里奧警告他：「天哪，勞斯！如果不小心一點，你不只會失業，甚至可能會丟掉性命！」雖然父親在政界與軍方有許多人脈，但社會與政治秩序部的官員不在範圍內。艾里奧又說：「我們沒辦法控制那些人，他們恣意妄為。右派裡面有混蛋，左派裡面也有混帳。政治不適合我們。」

勞斯道歉並承諾再也不會涉入這些事情。另一方面，荷布森則沒有那麼幸運。他受到刑求與審訊長達兩個月，等他終於獲釋時，有好一段時間他的狀態大不如前。勞斯的朋友瑞可更為不幸，他被逮捕、刑求與殺害。

荷里昂哥哥比我大九歲，他跟勞斯簡直天差地遠。荷里昂是艾里奧跟我們的生母貝琳荷所生下的第一個兒子，比勞斯小十個月。荷里昂天性隨和，雖然他永遠不會是勞斯那樣的鬥士，不過他是天生的老師。跟荷里昂一起訓練時，我們會討論到姿勢、技術、槓桿與基底（base）[2]等概念背後的理論。荷里昂比勞斯更能清楚解釋柔術，因為勞斯既缺乏耐心，又以非黑即白的觀點看待事情。

荷里昂對我的教學風格造成很大的影響，他讓我不只重視技巧，同時也關注學員本身。根據父親的教誨，好的老師能妥善指導技巧，不過優秀的老師能因材施教，依照學生所需（不管是在格鬥技巧或是人生之中）來指導。而荷里昂就是一位優秀的老師。

荷里昂聰明伶俐、能言善道，因此不能對他放下戒心。我八歲時，有天荷里昂回家後我求他帶我去海邊。他說：「好啊。不過，首先這個需要磨亮。」他解下校服的腰帶。「然後，這個也要擦一下。」接著脫下鞋子給我。

我磨亮他的黃銅腰帶扣環、擦亮他的鞋子，接著交還給他。「我做完了！我們去海邊吧。」

「晚一點！幫我拿顆蘋果與一些水過來，我餓了。」

「可惡，荷里昂。」

「去拿蘋果過來！」

我很生氣，但還是去拿了蘋果，看著荷里昂吃完。「我們現在可以去海邊了嗎？」

---

2 編按：見第二八五頁。

「不行，晚一點。」

「可惡，荷里昂，你騙我，把我當奴隸使喚好幾個小時！」

我跑回房間並且重重甩上門。我從小就學到，對付荷里昂要拚命討價還價。

荷里昂跟勞斯一樣，是格雷西家族最先造訪美國的人之一，並且讓我們接觸到搖滾樂手吉米・亨德里克斯（Jimi Hendrix）與山塔那樂團（Santana）。他告訴我們參加音樂節的軼事，說人們會裸體走來走去，像野生動物那樣當眾做愛。我們在房間裡貼上嬉皮風海報，每當新專輯推出時就是一樁大事。父親與伯父試圖忽略我們奇怪的新嗜好與髮型，但實在做不到，因為瑞爾森哥哥也加了進來。

瑞爾森比我大八歲，要不是他性格狂野，他可能會是家族中最厲害的鬥士。他會沒睡覺就出賽，且仍因為前一晚在鎮上豪飲而宿醉。但當他穿上道服、繫好腰帶時，他就會化身為一隻塔斯馬尼亞惡魔（Tasmanian devil）[3]。瑞爾森可以戰鬥一整天，打到幾乎沒命……最終還是拿下勝利！

雖然毒品不該出現在格雷西族人的生活中，不過我們多半嘗試過大麻、古柯鹼與致幻劑；然而瑞爾森無法控制自己，他會連續好幾天吸食古柯鹼。他曾在浴室用藥過量，幸好勞斯救了他。我記得有次他走進客廳時，我注意到他的肩膀變得比臀部還窄，看起來像是一副骷髏在走路。這讓我明白，吸食毒品有其後果。

我崇拜每一位哥哥，但當我看到勞斯與荷里昂擔心起瑞爾森的毒癮問題時，我也開始害怕他會出事，於是我變成父親非正式指派的間諜。我會進到瑞爾森的房間，找出私藏的毒品，然後交給他。

即使瑞爾森已經明顯走錯了路，艾里奧仍然讓他與我們所有人自己做決定。艾里奧會對瑞爾森說：「如果你繼續這樣下去，終究會走向死路！但你就做你想做的事情吧。」有天，父親跟我說：「瑞爾森迷失了人生方向，但他有意志力來重返正道。如果他做到了，他將會是家族中的第一名！」父親總是敦促人們盡己所能，但如果有人做不到，他也不會因此砍掉他們的頭。艾里奧是一名大師而非暴君，他以熱忱與關愛來領導。

我沒興趣對自己兄弟的缺點挑毛病，但我會試著擷取他們讓我尊敬之處，如激情、技術與戰略，並將之融入到生活中。當我開始融會與學習時，我意識到自己有能耐成為格雷西家族史上最偉大的鬥士，因為我同時具備體能與心靈上的素質。荷里昂對柔術同樣充滿熱忱，但天賦不如我。勞斯體能優異，但性格頑固又不好相處。瑞爾森是天生的

3 譯按：即袋獾。

戰士，但缺乏自制力。

## 受苦是成長的一部分

父親看似和氣又開朗，不過一旦他踏上柔術墊，就會變得專注認真。每個週末與假日，格雷西家族的所有人會聚在我們位於特雷索波利斯、有二十一間臥室的大房子。感謝卡洛斯徒弟奧斯卡的商業頭腦，使我父親與伯父能夠買下這棟房子，以及里約武館所在地的一整層辦公大樓。

這棟房子不只占地寬廣，還僱了園丁、廚師與裁縫師。每個週末，父親或伯父會把所有的髒道服與毛巾，從武館載到我們在特雷索波利斯的牧場，然後請員工丟進工業用洗衣機清洗，掛在巨大的晒衣繩上晾乾後摺好，讓我們可以在週一時帶回里約。有時我是坐在卡洛斯伯父載滿道服的皮卡車內，其他時候則是由父親開著他的道奇衝鋒者（Dodge Charger）載我過去。

到了特雷索波利斯之後，我們會騎馬、舉行足球比賽，朋友也會過來造訪，還能有些難得的享受，像是在床上吃早餐。每天艾里奧都會在草地上攤開一大張防水帆布，所有男孩都得參加訓練。我們是艾里奧準備養大的小雞。卡爾森堂哥是當時家族的冠軍鬥士，不過他比我年長十七歲，格鬥生涯即將告終。誰能接續他成為下一任冠軍，是我們所有人都想知道的答案，因此角逐卡爾森地位的競爭非常激烈。

艾里奧鼓勵我們彼此競爭，他始終想看清大家在格雷西家族中的上下關係，所以衝突與比賽是常態。我父親會踏上帆布，拍幾下手，然後說：「好！勞斯、荷里昂，開始！」接著他們就會毫不遲疑的上前對戰。勞斯跟荷里昂有著截然不同的人生態度，這也反映在他們的柔術表現。

勞斯是我們這個世代最厲害的鬥士，這點沒人能反駁，而這自然也讓荷里昂最難以承受。不只是荷里昂自己想要當上家族中的冠軍鬥士，以及格雷西柔術的代言人，父親同樣也希望他能成為冠軍，因此增添了更大的壓力。

理論上來看，荷里昂著實完美無缺！他在技巧、體能與心態上都堪稱完美，但就算父親在場邊不斷喊出指示，勞斯總是能擊敗荷里昂。在荷里昂落敗後，父親總是難掩失望，他會說：「勞斯，做得好。」接著數落荷里昂犯下哪些錯誤。這個場面有時令人不忍卒睹，因為他們兩人都已用盡全力，只是勞斯更厲害。我認為這也是荷里昂後來轉為處理商業事務的原因。

父親相信受苦是成長的一部分，而我們受其薰陶，於是相信這個理論正確無誤。我們在武館刻苦訓練，以至於參加比賽似乎更為輕鬆。艾里奧相信**訓練得越努力，真正打鬥時就更輕鬆**。我們從很小的時候就知道，臨陣退縮一點用也沒有，那麼做並不能讓你免於任何困難。我父親會乾脆的說：「回去那裡，重做一次。」你同時也會了解到，如果你遵循格雷西家族的訓練、飲食與打鬥規範，它們真的有效。即使是個性非常溫和的弟弟荷伊斯，也被要求努力訓練、了解承諾奉獻……這導致他在小時候過得很辛苦。

我們在特雷索波利斯時總是會出現混亂場面，因為大家都在拚命挑戰自己的極限。不論是勝是敗，你的兄弟與堂親都在現場目睹。有人能臨危不亂的迎接挑戰，有人則不堪負荷而失敗。我在柔術方面的第一個勁敵，是一位比我大一歲但體格跟我差不多的堂哥。雖然他很好勝，但我常常能擊敗他。

有天他對我說：「你能贏我都是因為我們穿著道服！現在你沒穿，我就能贏過你了！」於是我攻擊他，兩人開始打架。我等著他開始生氣，因為每當他情緒激動，就會咬拇指，並把指頭留在嘴裡，只用另一隻手，這是他打鬥時的致命缺點。不出所料，他氣壞了，開始咬拇指，所以我用一隻手制住他，再用另一隻手揍他。

卡洛斯的兒子與艾里奧的兒子間出現了一種競爭意識，不過勞斯幫忙緩解了敵意。

勞斯既是卡洛斯的兒子，又被我父親撫養長大，而且是我們這一輩最厲害的鬥士，因此他把家族兩端結合在一起。由於我與兄弟們住在里約，每天都會去武館，所以我們比在特雷索波利斯長大的堂親更厲害一些。

有些堂親認為艾里奧太嚴厲，訓練太辛苦。父親從不接受別人找藉口，經常會說出對方不想聽的話，我認為他也是這樣對待自己的孩子與姪兒。畢竟，勞斯實際上是他的姪兒。艾里奧當然會偏愛他的親生兒子荷里昂一些，不過在眾人公認勞斯是更厲害的鬥士後，艾里奧並沒有東攔西阻，而是接受這個事實。別的不論，父親終究是個務實的人。

我們之間的上下關係誠實到近乎殘酷，但我們也學會要承認錯誤。如果你向長輩告發你的兄弟，艾里奧會說：「我不管是誰做了什麼事。如果你們兩個都認為自己沒錯，我會居中調解。但如果你們之中有人說謊，就會受到嚴厲懲罰，因為你知道自己做了錯事！」他的做法確保了大家開始學習自我管理，因為我們明白，自行解決問題，會比牽扯父親進來仲裁更輕鬆。

當艾里奧知道我對柔術既有熱忱、表現又好後，我們便發展出特別的關係。父親看出我體內存在某種東西，於是鼓勵我朝最厲害的格雷西成員目標邁進。他從來不用像敦促其他人那樣對待我。

除了柔術，我跟父親也同樣熱愛動物。艾里奧與卡洛斯伯父像是對待人那樣照顧動物。他們不會試圖馴服牠們，而是盡可能跟牠們交朋友。卡洛斯伯父喜歡在水塔頂端做裸體日光浴，他在特雷索波利斯跟兩隻野鷹結為朋友。父親則喜歡收養一些脾氣最壞的狗，像是那種會咬任何人的狗，然後把牠們變成寵物。對他來說，這只是另一項考驗。

我不知道父親靠的是耐心，還是他有精神控制的能力，但沒人比他更擅長對付狗。他深信因為**自己的心靈足夠強壯，使得他即使面對各物種之中最凶暴的個體，也能與牠們建立連結**。他有位朋友養了一隻瘋狂的杜賓犬，見人就咬，於是父親開始過去拜訪，只為了能看看那隻狗。後來，他們的關係好到當我父親要回家時，那隻杜賓犬會整天哭嚎，直到我父親再度拜訪才停止。最終，狗主人說：「艾里奧，我要把這隻狗送你，因為唯有和你在一起時，牠才會快樂。」過沒多久，父親的犬舍就多出了許多杜賓犬。

我父親有另一位名叫若奧（João）的朋友，專門飼養巴西菲勒獒犬。這種充滿攻擊性的巨型犬重達五十公斤，曾經在巴西用來狩獵大型獵物與逃跑的奴隸。若奧有一隻名叫布瑪的凶暴獒犬，牠在六個月大時咬了若奧，所以若奧把牠送給我父親。若奧在那隻狗身上繫了牽繩，和我爸兩人一狗駕車到了牧場。當他們抵達後，父親拉著牽繩，把布瑪帶下車，然後一整個週末都沒有放掉那條繩子。最終放下牽繩時，布瑪已經深深愛上父親。布瑪變成一隻喜歡小孩的狗，整個家族都很愛牠。接著，父親又收到一隻名叫索爾的德國牧羊犬，後來牠也成為我養的第一隻狗。

艾里奧也喜歡馬與騾子，尤其是那些能夠踢壞圍欄，即使是巴西最硬派的牛仔也不能馴服的傢伙。十歲時他給了我一匹母馬，我取名為蘿倫，那是我初戀對象的名字。在一九六〇年代末期，父親在彼得羅波利斯（Petropolis）一處美麗山谷，獨資買下占地五十畝的牧場，並把它稱作「我們的山谷」（Nosso Vale）。我在那裡時會花時間清潔與梳理蘿倫。我是第一個騎上牠的人，最後還能不裝馬鞍與馬轡，光用雙腿便能指示牠加減速、停下與左右轉。我們之間真的存在共鳴，我餵牠紅蘿蔔時牠會親我，而且我不必使用牽馬繩，牠會自行跟著我。如果我把小孩放在牠背上，牠也知道要溫和一些。

父親的馬叫做馬士坦（Mustang）[4]，是一隻帕索．菲諾（Paso Fino）品種的公馬，外觀看起來像是羅伊．羅傑斯（Roy Rogers）的愛馬「扳機」（Trigger）[5]。馬士坦跟蘿倫與其他母馬住在一片草地上。有天，父親要我去牧場高處把馬士坦帶下來。我將牽

4 譯按：直譯為「野馬」。
5 譯按：羅伊．羅傑斯是美國知名西部片影星，出演過的電影高達百部，暱稱「牛仔之王」。

馬繩套住牠的脖子，帶牠走下小丘，但後來牠開始拖著我，於是我停下腳步並騎上牠。馬士坦看到有人沒關好圍欄，於是跑上泥土路，大步往公路奔馳。父親親眼看著這場災難發生，但他只來得及大喊「等等！」我們就已經跑過了山頭。

我在馬士坦跑下山時抓住牠的鬃毛。牠非常聰明，當接近公路時，牠把速度放緩到我能跳下來。落地之後，我先是抓住牽馬繩，控制住馬匹之後安撫牠，接著重新騎上牠返回牧場。一越過山頭，我就看見父親跑向我們。他看到我與馬士坦安穩的騎回牧場，於是高喊一聲「做得好！」，眼底的恐懼也化為驕傲。我們在那一天所建立的聯繫，對我來說是一場貨真價實的勝利，因為我向艾里奧證明，我並未辜負他對我抱持的信任，後來他再也不會為我擔憂。真要說起來，他反而是過於信任我，給我很大的自由，而我也會充分利用。

## 街頭的孩子更聰明

我常常一個人獨處，因為我的年紀比其他兄長小得多。我從來不需要別人圍著我打轉也能感覺自在，而且我對這個世界充滿好奇。當我在科帕卡巴納騎腳踏車時，索爾都

# 在戰士中長大

卡洛斯與艾里奧的戰士們。

照片出自：希克森．格雷西的收藏

會跟著我。如果我騎到街上，牠會跑在人行道上；如果我騎過馬路，牠會在路緣等待，直到我說「過來！」牠再衝過交通堵塞的繁忙街道。牠不介意等待。如果我要和朋友坐車去其他地方，我會把腳踏車牽到人行道，然後對索爾說：「坐在這裡！」牠便會在那邊等待好幾個小時。

里約像是把紐約市與曼谷結合在一起。這個城市充斥著騷亂，任何時候想做什麼都有門路可找，交織著性愛、犯罪、毒品、自然風光與海灘文化。雖然我們住在科帕卡巴納一棟不錯的公寓，但里約跟洛杉磯不同，這裡沒有富裕區比佛利山莊與貧窮區康普頓之分，兩者混雜在一起。前一分鐘你像是置身比佛利山莊，下一分鐘轉進小巷，你就來到了康普頓。

我從小就培養出在街頭生存的智慧。在每一處紅綠燈附近，都有一群人充當該區域的耳目，有的賣飲料、有的賣糖果，還有的賣毒品。一有車輛停下來，他們便走向駕駛座的窗戶兜售，如果那名駕駛只盯著前方，當他們不存在的話，車窗就有可能被石頭砸破，然後被拿走皮夾。

不論是幫派分子、鬥士、上流社會夫人、衝浪手，或是伊帕內馬區（Ipanema）最漂亮的姑娘們，我都想要了解他們。我時常蹺課，但只是在里約漫步。我有幾套遊玩這個城市的標準行程。

首先我會去家電產品店，跟銷售員開玩笑。他會問我：「孩子，你想買冰箱嗎？」

「今天不想，或許明天會想！」

接著去麵包店買點心，並且跟麵包師傅聊天。再來是走到報攤，跟賣報人討論最近的足球比賽。大家都知道我那時應該在學校，因為我還穿著制服、帶著書包，但我猜自己為他們乏味的日常生活帶來了些許慰藉。

當時我認為上流社會的孩子似乎多半有點笨，因為他們不懂街頭智慧。我不希望自己變成被過度保護的孩子，完全不懂真實生活，只活在舒適圈之內。有時候我母親那些富裕的朋友，會帶著跟我年紀相近的兒子過來拜訪，但我很難跟他們融洽相處，因為我跟年紀大得多的兄長一起長大。那些孩子想聊新上映的迪士尼電影，但我想聊新一期的《花花公子》（*Playboy*）或是齊柏林飛船樂團（Led Zeppelin）的新專輯。

他們離開之後，母親會問我：「你喜歡小約瑟嗎？」

「他是個被寵壞的小鬼！」

「你為什麼不喜歡他？」

「媽，他一點都不聰明！他什麼都不知道！」

我開始了解到，財富與社會地位能夠造就某些人，但我希望大家是根據我本身的價值來判斷我。巴西的人口來自世界各地，有歐裔巴西人、非裔巴西人、日裔巴西人與印非裔巴西人，任何你想像得到的人種與民族組合都存在。

但另一方面，社會階級就另當別論了，因為富人不跟窮人往來。我的外祖父家財萬貫，擁有一棟百貨公司與眾多房地產。我的母親遊歷廣泛，會說法語，而且是里約上流社會的一員。她的父親對她瘋狂愛上「一名鬥士」並不高興，因為他認為對方的社會階級配不上女兒。

我是吃過苦頭才學到社會階級這件事。在我七或八歲時，有天我自己走去海灘，在那邊跟一個同樣是單獨過來的貧民窟小孩一起玩。我們玩得很開心，在沙灘上挖隧道。兩小時後，我帶著那個男孩回我家吃午餐。

當我們走進公寓時，我母親看著那個孩子，問道：「你為什麼帶他過來這裡？」

「媽，他是我的朋友！我們過來吃飯，然後回海灘再玩一陣子。」

母親為我們做了午餐，但我感覺到自己做錯了事。包括母親畏懼的反應，以及她質疑我的判斷，這兩件事都讓我感到驚訝。

這個情況讓我感覺很不自在，所以等我稍後回家，我就問母親自己有什麼地方做錯了？然後她說：「那個男孩很窮，你不該跟他一起玩！他可能有一天會過來這裡，偷走你的東西。」那個孩子聰明、大膽又強悍，我跟他很有共鳴。我心想，我的母親竟然只因為他很窮，就試圖禁止我跟他交朋友！

我從那次經驗所領悟的想法，或許跟母親想要傳達的截然不同。我強烈不認同自己應該根據外貌或社會地位來評斷他人，我決定要聽從自己的心。金錢買不到生命中最重要的事情。舉凡友誼、忠誠、勇氣、誠實、幸福與聰穎，任何階級、種族或地位的人，都可能擁有或欠缺這些特質。如果我在某人身上感覺到力量、熱忱、尊敬與聰穎，我就會抱持開放的心態與之相處，願意把對方視為兄弟姊妹。

真要說起來，母親的態度似乎使得街頭更有魅力。那裡的孩子更聰明，因為他們更有經驗，不會被敲竹槓，而且懂得如何照顧自己。我在十三歲時決定不再去上學，因為那對我來說似乎沒有意義。我熱愛柔術與衝浪，而且知道自己將會成為一名鬥士。我還有什麼必要去學校呢？我跟父親說我打算輟學，他明智的說：「你仍然是我的兒子。我會照顧你，但別再拿其他事情來煩我。你不會再有新腳踏車或禮物了——從現在開始，你得自己賺錢。」

我的第一筆薪資是幫忙荷里昂教柔術賺來的，但是過沒多久，我就發現比幫忙兄長更好賺的勾當。雖然我對自己曾經短暫從事犯罪並不自豪，不過我認為坦承這段經歷有其重要性。我在里約街頭獲取的經驗不只珍貴，同時也有助於型塑我這個人；那些經驗帶領我嘗到各種禁果，並且涉足我在其他情況下永遠不會踏入的世界。

如今我試著以身作則，反對使用非法或多數合法藥物。有太多人把藥物當成解決人類基本問題的手段。當我們面臨痛失至親或其他人生中的噩耗時，短暫陷入憂鬱是人類的自然反應。一顆藥又怎麼能改變那種事？現在，如果孩子在學校難以專心，他的父母不會禁止他使用 iPhone、iPad 與電腦，或是叫他出去玩，反而是會帶孩子去看精神科醫師，讓對方依照症狀開藥。不管是黑市販售的吩坦尼（Fentanyl），或是合法處方開出的鴉片類藥物，都藥效強勁且具高成癮性，服用它們等同是拿你的人生來賭博。雖然我揭露這段經歷並不覺得光彩，但我必須對自己誠實。如果我沒有這些經驗，我將成為一個截然不同的人。

凡是感興趣的事情，我都會親自嘗試並試圖加以理解。我一直在尋求嶄新且極端的體驗。**我明白自己可能因此受傷，但我認定它值得冒風險**。我知道有許多頂尖柔術鬥士無法接受新的思想，因為他們會畏懼不理解的概念與生活型態，感覺自己受到威脅。他們首先做的事情是批判，且常常毫無事實根據。我則會試圖避免妄加評斷，接受現狀正是如此，即使它不如我所願。雖然我曾經協助父親嘗試挽救陷入毒癮深坑的瑞爾森，但一部分的我同時也想瞧瞧那個坑裡有何蹊蹺。

我在十四歲時跟一群住在社區大樓的青少年們廝混，卡洛斯伯父在那邊也有一間公寓。我們自稱「賈梅士」（Camões），取名源自多數成員居住的住宅區，幫派成員人數達三、四十人，年齡介在十四到二十歲之間。我們是一夥熟知市井世態的孩童，試圖不惜一切來把握任何機會。我們不在乎來者富貴或貧窮，只要你在心態、體能與情感上跟我們有共鳴，你就是我們的弟兄。加入我們群體的唯一方法，就是展現你所具備的個人價值。

我所遇過最聰明、最英勇的人，有一些便是來自那個幫派。我知道他們會支持我——不論輸贏，不論對錯，不論如何。既然我的家族把強韌、忠誠與勇氣奉為圭臬，我希望能跟具有相同價值觀的人們在一起。起初我是幫派中最年輕的孩童之一，不過那些年長的傢伙喜歡我，因為我證明自己有用處。幫派中有幾個出身富裕的成員，不過多數人來自中下階級。如果你說「我們去餐廳吃菲力牛排」，只會有一個人跟你去，但如果你說「我們去搶那個爆米花攤車」，大家都會加入。

賈梅士有一支沙灘足球隊（beach soccer）。沙灘足球在一九五〇年代於里約發明，玩法跟正規足球一樣，不過兩邊各只有五名球員，場地也只有三十七公尺長。在我成長期間，共有五或六支隊伍，各自代表科帕卡巴納不同的鄰里。隊伍間的競爭非常激烈，重要賽事時會有數百人來觀戰。賈梅士的成員會站在敵隊的球門後面，對守門員大聲辱罵，試圖讓對方分心。這些比賽向來充滿緊張氣氛，賽後也常常爆發鬥毆，以及各種混亂與喧囂。

有次我們跟著球隊去烏爾卡（Urca）比賽，在裁判做出一個爭議判決後，一名賈梅士的領隊開始跟敵隊的球迷起衝突。轉眼間，我們便陷入人數劣勢，差點被包圍，由於上百名敵隊的球迷緊追不捨，大家為了保命只得拔腿跑回科帕卡巴納。我們不時會停下來稍微打鬥，接著再繼續跑。這種打鬥無關個人恩怨，更像是隊伍之間的對抗。或許有人偶爾會丟瓶子，但跟現代不同，當時完全沒有人開槍。

用不了多久，我就證明自己大膽又可靠，開始提升在賈梅士中的階級。起初，我幫忙一個名叫克雷猶（Clayo）的毒販把風與傳送訊息。天色轉暗時，克雷猶會走下海灘，站在靠近海水的地方，因為在那裡可以看見所有人，但大家都看不清楚他。後來，我開始送包裹與自行賣大麻。因為我住的地方離那裡半小時遠，屬於中上階級的區域，於是我成為在該街坊流通大麻的門路。

有天，某個朋友想買一小包大麻，但那時我正急著出門，所以我從半公斤重的大袋子裡抓出一把。我沒有把袋子放回原本的藏匿處，而是塞在枕頭底下就跑出家門。等我回家時，那袋大麻不見了，我心知自己闖了大禍。然而比起母親生氣，我更擔心要怎麼跟克雷猶解釋，於是我要她把大麻還給我。但她說：「我不想跟你說話！我要把它拿給你爸看！」

接著，荷里昂回到家並開始審問我，但我拒絕跟父親以外的任何人說話。等艾里奧終於回家後，他與荷里昂開始把大麻沖進馬桶。我求他們別那麼做，因為那些大麻不是我的！這句話一說出口，我就知道自己完蛋了，所有人的眼睛都盯著我。現在，艾里奧想知道是誰把半公斤重的大麻拿給十四歲的小伙子來賣。更糟糕的是，他要我明天晚上帶他去跟克雷猶談話。

「我不會逮捕他或打他。」父親承諾：「我只是要叫他離你遠一點。」

隔天晚上，我們來到海灘，我帶著父親與荷里昂走向克雷猶。「克雷猶，我父親想和你……」

艾里奧打斷我：「喂，你這個混帳！如果你再……」

克雷猶試圖逃跑，但荷里昂撲倒並壓制他，讓我父親狠狠給他一頓口頭教訓。克雷猶乞求他們原諒，整個人被大大的羞辱一番。隔天早上，由於我感覺很難堪，所以我去見克雷猶，提出自己做白工來付清那袋大麻的錢，並且保證不會再發生這種事。他也原諒了我。

雖然我又重操舊業了一陣子，但當賈梅士成員開始偷音響、使用槍枝時，我就跟他們漸行漸遠。我知道他們正在快速走上一條死路，與其過著犯罪生活，我對柔術、衝浪與女人有興趣得多。儘管行為叛逆，做了父親不認同的事情，但我從來沒有停止比賽，也從來沒有輸過。在他眼裡，這讓我別具一格。

## 無限制格鬥：成人儀式

也是在差不多那個時候，我開始跟勞斯一起訓練，之前艾里奧是我唯一的老師。勞斯總是靜不下來，不管是在衝浪、訓練、打鬥、騎馬、玩滑翔翼或追女孩時都一樣。他行動敏捷、技巧高超，不斷敦促我更努力訓練、獲得更高的成就。起初他跟父親與荷里昂在里約市區教學，後來他每週有三天會去卡爾森堂哥在科帕卡巴納開設的武館指導。

在卡爾森卸下家族冠軍鬥士的頭銜之後，他是格雷西家族第二代之中最先脫離父親領導的人。他在一九六四年開設了自己的武館，而且他的做法跟艾里奧不同，上課時採用團體教學；只要學員擅長打鬥，並且願意代表格雷西家族出戰，他甚至容許學員免費上課。卡爾森的慷慨大方蔚為傳奇，也難怪即使到了今天，仍然有許多鬥士對他表達忠誠與敬意。

卡爾森的武館跟父親的武館完全不同。那裡髒死了！所有人都穿著髒兮兮的道服，走進武館時，光是氣味就能把你嚇倒！其門下弟子攻擊性十足，但過於倚賴力量。雖然卡爾森沒有最幹練的技巧，但這很適合他所指導的學員。他的教學風格也同樣粗暴。父親指導學員時會這麼說：「好，保持鎮定，鞏固你的基底，並且準備好逃脫反擊。」而在同樣的情境下，卡爾森則會對著學員大喊：「你他媽的快點過去，狠狠揍那個混帳一頓！」對他來說，格雷西柔術並非以智慧凌駕蠻力，也跟精準的技巧或飲食無關，它完全在於奮戰到你竭盡全力為止。如果你能忍受在那種環境下訓練，那麼參賽便有如坐辦公室般輕鬆。

我開始去卡爾森在科帕卡巴納的武館訓練，因為那裡有更多接近我年紀的學員。里約市區的學員主要是生意人，相關的訓練輕鬆得多。卡爾森的學校則正好相反，有許多想要成為鬥士的強悍青年，整體環境更緊繃也更有活力。你永遠不曉得誰會跟勞斯一起過來訓練，因為他同時練習柔道、桑搏與摔角。

勞斯想要成立一支代表巴西參加國際角力賽事的國家隊。這個想法讓巴西官方的角力管理機構很不滿，因為我們被認為是來搶他們地盤的暴發戶。

一九七八年，主管世界角力運動事宜的國際角力總會（International Federation of Associated Wrestling Styles，現改名為世界角力總會United World Wrestling），派遣美國摔角手鮑勃・安德森（Bob Anderson）到里約，指導跟勞斯對戰的巴西摔角家。安德森體格壯碩、技巧非凡，是出身於南加州的希羅式角力、自由式角力與桑搏冠軍，他也擅長衝浪。

當安德森抵達里約時，官方摔角機構卻沒人去機場接他。某個認識勞斯的人，注意到這位肌肉發達、看起來像是「無敵浩克」的美國壯漢，拿著衝浪板在機場枯等，於是上前跟他攀談。不知怎的，消息傳到勞斯那邊，說有一位美國摔角冠軍被困在機場。勞斯與卡爾森堂哥抵達機場時，安德森已經在那裡等了好幾個小時。

傳說當時勞斯宣稱自己是「巴西角力機構的官員」，為自己遲到向安德森道歉，把安德森的衝浪板放在車頂，然後載他離開。接下來的一週，安德森跟勞斯一起生活、訓練與衝浪，甚至去看了一場巴西對阿根廷的足球比賽。跟勞斯待在里約，能體驗到更高層次的樂趣，而且有數不盡的活動。

等這位美國摔角手意識到自己是被我哥誘拐時，他也已經不想離開了。不過他們並非都在享樂嬉戲，兩人非常努力訓練，還會比較與分析彼此的技巧。安德森認為勞斯總是穿著道服很奇怪，不過因為他玩得很開心，所以不想問太多問題。安德森對勞斯印象最深刻的地方，是勞斯能從任何姿勢中發揮的能力。後來他把勞斯比做「全能高手」，因為勞斯會**從其他武術甚至運動之中擷取元素，然後應用到柔術裡**。

安德森協助勞斯調整一項名叫腕部扣鎖（keylock）的固定技，於是勞斯將之改名為「美式鎖」（Americana）以表達敬意，如今這是一招廣為使用的柔術技巧。在安德森返國的前一刻，他跟勞斯進行了一場比賽。兩人來回纏鬥了好一陣子，最終勞斯以一招足跟鎖（heel hook）取勝。安德森是一位親切有禮的訪客，他跟勞斯、格雷西家族建立了真心的連結。

跟勞斯一起訓練，本質上無異於戰鬥。他強化了艾里奧教過我的事情：別管分數！別管裁判！降伏對手取勝，否則就不要獲勝。我在勞斯的指導下迅速變強，艾里奧對此並不意外。我並不固執，而且從來不會因為壓力而失手。如今父親與勞斯都對我抱有期待，而且是非常高的期待。

父親從來不會在我獲勝之後歡欣鼓舞，畢竟他已經預期我會贏。如今他需要我，因為我總是準備好面對挑戰者，藉此證明他的柔術舉世無雙。艾里奧喜歡帶我去卡爾森的學校。他會對卡爾森說：「你以為你的柔術比我更厲害？我的孩子可以擊敗你門下最強的傢伙！」

卡爾森為人古道熱腸，但同時也非常好勝。不管是鬥雞、玩撲克或無限制格鬥，身處混亂動盪的中心最能讓他感覺自在。他曾經惹惱賽事中的所有人，因為他會對裁判大吼大叫，徹底恫嚇他們。當時最激烈的對抗來自卡爾森與勞斯。

每個賽事中，我們只能在不同段位與體重量級推出兩人參賽。而在勞斯、卡爾森與荷里昂各自的學員間，他們會彼此對打、決定誰能代表格雷西參賽；這些的資格賽總是比正賽更有競爭性。最後，我們把各武館區分開來。勞斯與荷里昂的學員代表格雷西武館，而卡爾森的學員則代表卡爾森・格雷西武館。

父親在我十六歲時授予我紫帶，當時我已經懂得**找到對手的弱點並加以利用**。儘管面臨了多場艱難的比賽，我總是能獲勝，並且真正開始感覺到自己的力量。有天，有位朋友兼學生帶我去博凱朗（Boqueirão）的巴西式自由搏擊（Luta Livre）武館，進行一些無道服競賽的訓練。我的朋友只跟那邊的老師說：「我帶了一位朋友來跟我們對練。

他學過柔術。」

那位老師回答：「沒問題。」然後指著房間裡體格最壯的人們之一對我說：「跟他對練。」在我輕鬆擊敗那個壯漢之後，老師指著另一個壯漢：「再來是他。」

不到一小時內，我已經擊敗課堂中老師以外的所有人。接著我跟老師比賽，而在我擊敗他之後，場面變得有點尷尬，直到我朋友說：「你們用不著覺得丟臉。這個人叫希克森，他是艾里奧．格雷西的兒子。」

「我的老天！這樣就說得通了。」那位老師說道：「我很佩服你父親。隨時歡迎你回來！」

雖然我喜歡擒拿與柔術比賽，但那時我已經開始思考如何準備第一場無限制格鬥賽。以現在的情況來說，即使某人拿到了柔術黑帶，他也有可能還是不清楚該如何保護自己，甚至從未捲入真正的鬥毆。但在一九七〇、八〇年代，那種事情不可能發生。

由於父親與伯父極力宣揚他們的武術是「**全世界最有效的自衛術**」，因此所有格雷西家族的青年都知道，他們總有一天得代表家族出戰，不論地點是在賽場內或街道上。

第一場無限制格鬥賽，就有如失去童貞的過程，是我們的成人儀式。

第3章

# 掠食者與獵物

一旦我了解柔術能帶來多大的轉變，我就開始愛上指導其他人，以及我能因此讓對方煥然一新、由內而外調整自身行為的能力。

這不只是在指導柔術，同時也是為對方的人生增添某種能量。

根據我父親的教誨，想成為優秀的教練，不只需要把柔術當成一門身體技藝，也要把它當成一種心理教育。除了打鬥以外，學員還要**學習如何更敏銳的察覺危險，分辨耐心與被動之間的差別**，以及明白為何**失敗並不等同於被打垮**。

首先，你必須把學員看做一個「人」。如果他們太容易激動，要讓他們鎮定下來；如果他們太溫和，便敦促他們行動；如果他們太被動，則要求他們更強勢。父親與荷里昂教會我如何全方面指導一個學員——不只是鬥士層面，也包括心靈層面。

當我施加肉體壓力在學員身上時，便能看出他們真正的個性；因為他們無法像自己不在柔術墊上時那樣掩飾，立刻會顯露出徵兆；例如他們情緒平衡的狀態，或是他們應對壓力的能耐。一旦有了這些資訊，我便會根據學員所需，為他們分別量身打造課程，促成顯著的進步。

我不只教他們觀察自己如何打鬥，也教他們**體會**自己在打鬥時有什麼**感受**。如果學員能誠實的做完這件事，他們不只能改善柔術方面的表現，更能因此自我重塑，成為一個更強悍的人。他們可以學會怎麼讓自己更堅強、更聰明且更有適應力——這不只適用於格鬥比賽，同時也適用於日常生活中的一切。

大約十七歲時，我在市區的武館認識了塞吉歐・茲維特（Sergio Zveiter），並開始指導他。當時他是二十或二十一歲，剛從法學院畢業，但即使是那時候的我，也看得出塞吉歐將會在法界或政界嶄露頭角（現為司法官員，曾任里約熱內盧眾議員）。我們成為了好友，常常在課後一同外出用餐或衝浪。由於兩人在各自的領域都頗有成就，我們深深尊敬彼此並發展成深刻的情誼，後來塞吉歐成為我最信賴的顧問。不僅是因為他具備我所欣賞的敏銳心智，也基於他的直言不諱。如果我有問題，我總是會詢問他的看法，因為我知道他永遠會誠實表達出意見，不管我喜不喜歡聽。

我在十七歲成為全職柔術教練，賺到的錢比當銀行經理還多。在我沒訓練的時間，我會去伊帕內馬的海灘跟衝浪手玩樂。我在幫派裡的朋友們性格緊繃，成天只想著性愛與打鬥，這些衝浪手則不同，他們是嬉皮與伴侶。我們的生活聚焦在浪濤與海灘。對我來說，海洋一直像是一個巨大的平衡器。如果我精神緊張，進出海面能讓我舒緩身心；如果我懶散疲憊，海洋則能讓我重拾活力。

海洋能提供我所需要的額外精力，也可以帶走我不需要的多餘能量。河流與瀑布也

希克森傳授柔術技巧：「除了打鬥，還要學習如何敏銳的察覺危險，分辨耐心與被動之間的差別。」
照片出自：布魯斯．韋伯（Bruce Weber），攝於里約

能為我帶來相似的功效。在我小的時候，我喜歡待在海水裡直到凍僵，再到海灘上的熱沙之中打滾來暖身子。起初我是騎在充氣浮墊上，再來是保麗龍板，最後才使用真正的衝浪板。

我了解海洋是一個讓我能自我測試、挑戰極限的地方。海洋太強大，你不可能以力取勝，你得順應潮汐、保持冷靜，引導自己出入無比複雜的情境。

某個天候惡劣的日子，我站在海灘上確認海浪。附近一個人也沒有，因為當天風勢猛烈到難以控制。接著我發現有個削瘦的長髮小孩站在水邊，手裡拿著紅色的衝浪板。原來他是勞斯哥哥的朋友佩佩（Pepe Lopes），他是巴西巨浪衝浪手（big-wave rider）的先驅之一。我坐下來，看著他划向洶湧的海洋開始衝浪，姿態輕盈卻展現出優雅與精湛的技藝。佩佩的年紀只比我大一點。如果他能這樣衝浪，那麼我也做得到。如今我的任務便是拿到衝浪界的黑帶。

## 巴西「文化大使」

當時衝浪在巴西是一項新運動，所以一九七七年里約首度舉行職業衝浪比賽時，備受各方矚目。我和兄長們都會衝浪，很興奮能看到來自夏威夷、澳洲與加州的偶像。我的朋友佛卡（Foca）在本地海灘衝浪時，跟夏威夷職業衝浪手拜倫．阿莫納（Byron Amona）起了衝突，他是夏威夷惡名昭彰的衝浪幫派「黑褲幫」（Black Shorts）的成員，他們的地盤在歐胡島北岸，對外來客很不友善，尤其是巴西人。當時那個夏威夷大漢搶走佛卡的衝浪板，打掉衝浪舵（fin），然後把他趕出海邊。這種事居然在我們自己家鄉的海灘發生！你能想像這有多羞辱人嗎？

事件發生後，我正好來到伊帕內馬海灘。佛卡帶著他被破壞的衝浪板，告訴我們那個夏威夷大漢打掉了他的衝浪舵，還把他趕走。我們打算去找阿莫納，但對方已經離開了。我告訴父親與兄長海灘發生了這件事，大家都同意該給阿莫納一點教訓。那個夏威夷人必須知道，巴西有巴西的規矩。

一、兩天後我們找到了阿莫納。他跟幾名夏威夷、美國的職業選手住在巴西首位職業浪手里科．德．蘇沙（Rico de Souza）的宅邸兼衝浪板工廠。里約的所有人都知道，格雷西家族的人只開福斯，所以當工廠員工看到一長串福斯車停在附近，接著我們魚貫而出時，他們就飛奔而逃，其中一人甚至急得跳窗。瑞爾森哥哥跟我們一起過來，不過其他二十幾人當中，大多數是衝浪手。

我進入里科的工廠尋找阿莫納，其他人都在外面等。當我看到阿莫納的迪克．布魯爾（Dick Brewer）牌衝浪板時，我叫一位朋友過來把它拿到外面。我在削板室看到里科在跟一名美國人講話，於是我告訴他，我們有個問題需要解決。

「那個叫阿莫納的混帳破壞了佛卡的衝浪板，現在他無論如何都得付出代價。」里科察覺我處在戰鬥模式，便說：「拜託，我們去外面談。」當看見外頭聚集了一大群人，他也知道事態將如何發展，於是說道：「希克森，拜託別毀了我的事業！」但我跟里科說，如果想巴結那個夏威夷人，就讓他們在你自己的家鄉橫行霸道吧，不然你也可以選擇加入跟我們打鬥。里科試圖調解衝突，不過他的處境進退兩難。

走回宅邸時，我瞥了側院一眼，看到邁克．普爾普斯（Mike Purpus）、邁克爾．霍（Michael Ho）與阿莫納這幾位職業衝浪手正在抽大麻。他們看著我哈哈大笑，然後對我比出沙卡手勢（shaka signs）[1]。但我沒有以笑容回敬，而是直直盯著阿莫納。三十秒後，那個夏威夷人走出來大喊：「我的衝浪板在哪裡？我的衝浪板在哪裡？」

1　譯按：沙卡手勢是源於夏威夷互相打招呼示好的手勢，做法是把手的小指和大拇指伸出，其餘的手指收起來，類似數字手勢的「六」。

所有人默不吭聲，接著我以葡萄牙語說：「你的衝浪板在我這裡。」

阿莫納輕蔑的看著我。大家又沉默了一會，接著我脫口說出自己唯一會講的英語：「去你的，混帳！我要打爆你的臉！」阿莫納並未認真看待這句話，因為我只是一個不到七十公斤的十七歲青年，而那個夏威夷人明顯超過一百一十公斤。

阿莫納明白我準備和他幹一架，於是他開始像個拳手那樣伸展手腳。他轉向里科說：「我要教訓這個小鬼。」我直接上前擒抱，絆倒他並壓制在地。阿莫納試圖起身，但我控制住他的背然後勒頸，導致他撲面倒地昏迷。接著我把他揍到恢復清醒，當他又想起身時，我再度控制他的背並勒他。由於阿莫納真的很強壯，這一次我無法勒昏，於是賞了他一記頭錘。瑞爾森大喊：「放倒那個混帳！」同一時間里科則向我哀求：「拜託別殺他！」在我第二次弄暈阿莫納之後，我抓起一塊混凝土，砸向他的衝浪板。考慮到他對待佛卡的方式，這樣做似乎才公平。

這場打鬥的消息傳得很快。隔天，有些澳洲職業衝浪手在海灘找上我：「天哪！你就是那個打倒阿莫納的傢伙。真希望我學會你的技巧！」他們興高采烈的恭喜我，因為黑褲幫與阿莫納讓他們在夏威夷的日子很難過。幾天後，我在懷米亞五千（Waimea 5000）[2]衝浪競賽的開幕典禮上，看見阿莫納在跟朋友喝啤酒。他開始大吼大叫，情緒非常激動。阿莫納的朋友阻止他，但他繼續大喊：「我會找到你，然後狠狠教訓你！」在那之後，阿莫納開始宣稱他會在返回夏威夷之前，找到並且「收拾我」。

當我告訴父親這些威脅時，他表示我們得去那個夏威夷人住的飯店拜訪一下了。隔天，父親、荷里昂與我前往萊伯倫的喜來登飯店。那家飯店有自己的私人海灘，我在那邊等待，讓一行人中唯一會說英語的荷里昂進去找人。

荷里昂在泳池旁邊找到阿莫納，自我介紹之後向他說，我正在海灘等他。「你如果現在不跟希克森打，就得忘掉整件事。」荷里昂接著解釋：「你說你要『找出他』，我們不容許這種事。」阿莫納告訴荷里昂他不想再打了，整件事就這樣解決。幾天之後他就返國，也對巴西多了解了一點。我會把我們想成是指導他的非正式文化大使。

面對阿莫納這樣嚇人的傢伙還能輕鬆獲勝，使我的自信大幅增長，甚至可能太自信了。在那場打鬥之後，里約最厲害的衝浪手都不吝於向我致意，連女孩也開始注意到我。我在伊帕內馬的時候常常覺得不高興，因為海灘上跟我年齡相近的漂亮女孩，通常只會跟開著敞篷車的有錢人約會。但那種情況很快就改變了。

2 編按：為夏威夷一處地名。

# 性愛・大麻・神奇魔菇

大約是在這個時候，我開始發現父親與伯父好像被困在了舊時代。從他們跟女性的關係，到他們對傳宗接代的看法，似乎全都跟現實脫節。

我怎麼可能只為了生育而做愛，而且從來不自慰呢？你得明白，性愛在巴西比在美國更加自由與自然。天氣悶熱，人人衣著單薄，我們個性衝動，追求肉慾的人喜歡彼此近距離接觸。不管是汗水、肉體上的親密與感官歡愉，巴西人需要這樣的親近與肢體互動才會感覺自在。對許多巴西人來說，性愛就像是飲食，都只是人類的需求。然而我父親與伯父對此有不同的看法，從他們子女成群的現實便足以證明。但我也想要享受性愛中愉悅的一面，我想要熱情與樂趣。

在我成長期間，毒品在里約相當氾濫。不管我嘗試過哪些毒品，我始終感覺自己擁有穩固的基礎，不會走偏。我在家裡受到鍾愛與保護，使我能自由追夢、探索世界，找到自己的位置。如果父親曾經告誡我「別做那個！那是壞事！」的話，我的故事就會變得截然不同。所有格雷西族人，都會被教導關於格鬥、飲食與訓練相關的規範，但要不要加以奉行則是由我們自行決定。諷刺的是，這種沒被施加壓力的情況，反而讓我感覺更為穩定。

衝浪手喜歡大麻與神奇魔菇（magic mushrooms）這類的致幻劑。我們曾經去乳牛牧場找長在牛糞上的金色蘑菇。我們會把這種難吃的菇類搭配萊姆吃，然後前往海灘、走進水裡，等待藥效引領我們踏上旅程。我記得有一天，海浪雖小但相當完美，隨著蘑菇發揮功效，我感覺自己似乎能看見水中的原子。接著，我覺得自己像是兩棲類生物，想在水下待多久就能待多久。

離開水域後，我走到礁岩區，感覺自己的雙腳像是石頭的一部分。我站在那裡好幾個小時。這個經驗使我跳脫自我來觀察，讚嘆自然世界的美麗。

當我十七歲時，里約的夜生活是我生活中的重要環節，一趟夜遊行程通常包括玩好幾家夜店，直到日出之後才回家。有時候，我們只是四處閒逛聽音樂，如果聽見有人舉辦派對，我們便會找出所在地是哪間公寓，然後不請自來的溜進去。我們會像電影裡的牛仔那樣豪飲威士忌，而因為里約離秘魯很近，純古柯鹼極為氾濫。我不是老古板，當然吸過古柯鹼，但家族的結構與體系使我很難偏離正道太遠，因為我知道無論自己有多疲憊，隔天都得指導學員與訓練。

我有些朋友缺乏這種支援，人生便脫離正軌。我可能某個晚上還在夜店遇見他們，但一個月之後，便看到他們打赤腳踉蹌的走在街上。我問道：「天哪，老兄！你的門牙哪裡去了？怎麼沒看到你的機車？」

「我不知道。我腦袋裡有印象的最後一件事，就只有那天晚上跟夜店的漂亮女孩一起吸白粉。」

有時在玩得很狂的一晚過後，我會覺得自己做過頭，隔天便會好好吃飯、跑步、衝浪與訓練。我會乖乖生活一、兩週，但接著腦袋裡又有聲音帶領我走偏：「夜生活！美女！她們在等你！」雖然毒品對我那些不是運動員的朋友來說更危險，不過我也終究學到，毒癮能打垮任何人。

馬塞洛．貝林（Marcelo Behring）比我小五歲，是我最好的朋友與學員。他可以說是生在柔術王室，他的父親弗拉維奧（Flavio）是我父親的學員，同時也是一位教練。馬塞洛幾乎是在柔術墊上長大，他十四歲時便開始來武館跟我訓練。我們立刻建立起了友誼，隨後我也把他視作另一個弟弟。因為他從小就在練柔術，於是我根據他的既有知識來改進技術。

當他日漸完善對連結的理解，以及柔術中其他的無形層面之後，他從表現良好的藍帶，晉升為我最厲害的學員之一。馬塞洛經常代表我的隊伍出賽，而我也總是在場邊提供支援，鼓勵他精益求精。他拿到棕帶後，打贏了一場重要的無限制格鬥賽，於是受到眾人敬重。只要我在場邊支援，他就能做到任何事。

當馬塞洛跟我在巴西一起訓練時，他偶爾（或許是五%的時間）會參加派對玩樂，他的優先事項一直都是訓練與格鬥。當我離開巴西，追逐自己的職業格鬥生涯後，馬塞洛開始迷失人生方向，有二五%的時間用來跑趴。

當他簽約參加一場職業格鬥賽卻沒如期出席後，我認為他因為自覺羞愧而導致狀況越來越糟。每次談話時，我都試著拉他回正道，要他重新訓練格鬥。他的家人甚至把他送進戒治機構，但他提前出院，一直無法擺脫古柯鹼毒癮。當我聽到一位共同朋友說，某天清晨四點鐘在里約的街道上，看見馬塞洛穿著泳褲遊蕩時，我開始認真為他擔心。過不了多久他便人間蒸發，家人長達三個月沒有他的消息。後來貝林家族僱用私家偵探調查，最終在某個公墓發現馬塞洛的遺體，推測他可能是在貧民窟進行毒品交易時發生意外。對某些人來說，毒癮可能是一輩子難以戒除的問題。

我知道如果自己想成為格雷西家族中最偉大的一員，我就必須冒一點險。即使我嘗試了各種毒品，過著有一點風險的生活模式，但我看重自由勝過一切。我永遠不想受到任何事物控制，尤其是毒品。我同時也理解，自己在柔術方面有著天賦恩賜，也因此有榮幸與責任來代表我的家族。認知到這一點，始終能把我帶回心靈平衡的狀態。過一晚脫離現實的生活很有趣，但無論如何，隔天我還是會回到武館訓練。我永遠不曉得誰會走進門來挑戰我，而對我來說，成為最偉大的格雷西比任何事都更重要。

## 恐懼是我的好友

好奇心搭配勇氣，能讓你超越極限、踏入未知之境，並且超越你從未想過能夠成真的新極限。我的好奇心總是能壓過恐懼，但恐懼也同樣是我的好友。那些說自己無所畏懼的人，若非瘋子就是傻子。**恐懼是一種能夠保護你的正常情緒；不過有時候，你並不需要保護**。在某些時間點，你必須把恐懼拋諸腦後，毫不遲疑的採取行動。其中一次，發生在某個我獨自去薩夸雷馬（Saquarema）衝浪的傍晚，那裡是巴西最棒的岸邊浪（big wave break）生成地之一。

夕陽開始西沉，但我決定再衝一次。當我划離浪區時，一組清場浪（clean-up set）[3]打在我頭上，我手一鬆，衝浪板便被沖得不見蹤影。海流開始把我拖回海洋。當我發現潮汐強到我無法逆向游回海灘時，一陣腎上腺素竄過全身，整個人驚醒起來。我知道如果驚慌失措或犯錯，我就難逃死路。

為了脫離海流，我必須順流游在跟岸邊平行的方向，並且保持足以游上好幾個小時的節奏。我利用岸邊遠處的教堂燈光，作為目測方位的指標，然後專注在我的划水動作與呼吸。兩小時之後，我跌跌撞撞的踏上陸地，這時我不只慶幸自己能回到岸上，更是非常自豪，因為我成功使用了腦力與耐力來自救。即使是在格鬥中獲勝、騎上野馬，或是馴服凶暴的狗，都無法跟這一刻相提並論。由於感受到大自然的力量，那一次游泳的經歷，至今仍是我人生中最可怕的體驗。我能回到岸上並非仰賴運氣，而是因為我**正視恐懼本能並加以克服**。隔天我強迫自己回到薩夸雷馬，入水划向浪區，然後衝了幾次浪。

最後我學到，**具備接受任何事（尤其是死亡）的器量，是我提升肉體、心智與精神層面的關鍵**。這三項元素全都需要保持平衡，因為有時候你在體能上有餘裕，但是情緒上撐不住；有時候則是你滿足了體能條件，也能控制自己的情緒，但精神上準備不足。如果不能在生死間建立靈性連結，你就無法讓自己的表現更上一層樓。我很快理解到，如果讓自己置身險境，一個失足便可能喪命。那就是代價。

3 譯按：清場浪是比平常更大的一組波浪。因其扣倒時，比普通的浪翻騰得更遠，經常使衝浪者脫離原位。

在取得棕帶後，我跟勞斯在比賽時的實力差距越來越接近。我開始了解他的極限。勞斯很擅長浮固（knee-on-belly）[4]，他會把它用來連結到各種臂鎖技（armlocks）。如果他控制住了對手的背，就會使出致命招式，但也因此容易預測出他的攻擊模式。在我們最後十次的訓練之中，他不但無法逼我投降，我反而能以降伏技回敬，我們的決鬥如今已勝負難分。

## 下棋不用力量，不靠速度

某個下午，我跟勞斯在父親位於彼得羅波利斯的牧場訓練，現場只有我們兩個人。我唯一記得的是我和勞斯的交戰，他的攻勢一如預期，好比颶風來襲般猛烈。但在我撐過那場風暴之後，我成功勒住了勞斯，在我意識到發生什麼事之前，他已經拍地認輸。

這是一場完全依賴直覺反應的打鬥，我甚至不確定是我騎在他身上還是相反，我只記得自己以一記勒頸取勝。沒人看見我擊敗勞斯，當我們結束訓練時，我們互相擁抱，他親了我的臉頰，並說：「孩子，做得好。我以你為榮。」

我對那場比賽最主要的記憶，是後來我感受到的遺憾，彷彿我擊敗他是做了一件錯事。一份無形但巨大的重責，如今從勞斯的肩頭轉到我身上。我明白，如今自己已是更厲害的鬥士；糟糕的是，勞斯也知道。這個結果並非僥倖或意外，純粹是勞斯已不再能讓我措手不及。我同時了解，自己再也不需要用打敗他來證明這一點。

不過在公開場合的表現則是另一回事。當勞斯跟我在各賽事公開組的決賽對戰時，我會走過柔術墊，高高舉起他的手。勞斯總是拿冠軍，我則拿亞軍。我們都知道誰才是最棒的鬥士，但對這個宇宙的其他人來說，勞斯仍然是冠軍。我不需要昭告天下自己擊敗了哥哥。我不想為了凌駕他而打垮他的精神。把這件事情當成祕密，是我榮耀勞斯與家族的一種做法。

在擊敗勞斯的幾個月後我拿到了黑帶，這時我們便開始走上截然不同的道路。勞斯全神貫注在競技擒拿上，企圖建立一支巴西的角力國家隊。曾跟他在里約共住的美國摔角手鮑勃·安德森，協助他克服國際官僚體系，並讓我們受邀參加一九七九年在聖地牙哥舉辦的世界桑搏錦標賽（World Sambo Championships）。桑搏發源自俄羅斯，風格上

4 譯按：浮固是巴西柔術主要的地面格鬥姿勢之一，上方格鬥者將膝蓋放在下方格鬥者的軀幹上，另一條腿通常會向一邊伸展以保持平衡。

偏向競技擒拿，使用膝蓋、腳踝與腿踢來進行攻擊，不過我最愛的柔術降伏技，有許多禁止在桑搏中使用。父親出錢讓我、勞斯與小卡洛斯（Carlos Jr.，卡洛斯伯父之子）飛到美國，在三個不同量級出賽。

比賽開始後，我們就用腿鎖技（foot lock）讓所有對手認輸。裁判很生氣，因為我們只使用降伏技，不使用摔技也不在意得分，於是裁判開始在我們讓對手認輸前中斷打鬥。有次，勞斯以腿鎖逮到對手，但裁判中止了比賽並說：「你不能抓關節，只能抓小腿！」每次勞斯靠近對手的腿，裁判就會中止比賽，所以他在分組中只取得季軍。小卡洛斯則打進決賽但落敗。

我也打進決賽，對手是一名體格強壯、來自美國空軍的摔角手。他壓倒我並占據上位，而我無法絆摔（sweep）他，因為他的下盤非常穩固。比賽時間剩下一分鐘，比分是他十五、我零，這時我終於成功絆摔他並進到騎乘姿勢（mount）。他試圖推開我，我則使出臂鎖技，讓他痛得大叫，於是裁判結束了比賽——我在分組中奪冠。即使贏得金牌，我仍認為這項賽事簡直是個玩笑。我只被允許使用直臂鎖、腿鎖與膝鎖，而就算是這些技巧，仍然受到一堆規則以及裁判主觀判定的限制。

說到規則模糊與裁判偏袒，角力比桑搏更嚴重。勞斯、小卡洛斯、我的幾名學員和我，代表里約參加了幾項巴西的全國角力賽事，期間總是會發生一些不公正的荒唐事。

有次我到里約的警官體育館，為巴西全國錦標賽準備過磅。負責人是個來自米納斯吉拉斯（Minas Gerais）、看起來像是歐洲人的傢伙，大家給他的綽號是「刻薄鬼」。我超重了接近六十克，勞斯要求給我十五分鐘減重，但刻薄鬼重重闔上他的筆記本說道：「不可以！他失格了。」

冠軍戰的裁判也來自米納斯吉拉斯，而且顯然偏袒相同出身的鬥士。在一次格外嚴重的錯誤判決後，荷布森堂哥衝上賽墊，打了裁判一巴掌，隨即演變成我們團隊與米納斯吉拉斯隊的大亂鬥。刻薄鬼站在混亂的中心，而我仍然很生氣他判我失格，所以我往他臉上招呼一拳，結果他就這樣倒地，真是出乎意料。用不了多久，米納斯吉拉斯隊便在鬥毆中輸得很慘。我們連角力服都沒脫，從體育館內追打他們到街上。

後來，角力委員會控告我們，幸好勞斯有位朋友錄下了整件事。勞斯把影像交給體育理事會，他們審視之後裁斷我們有理，並撤銷了所有控訴。

除了規則模糊，還有另一個理由讓我對角力與桑搏完全失去興趣。這兩種運動都迫使我調整打法，變成更重視體能、仰賴力量與速度的鬥士，難以發揮智慧或技術。當勞斯繼續進行角力，試圖建立一支巴西國家隊時，我則轉為參加無限制格鬥，因為我在柔術方面幾乎沒什麼要向人證明的了。

我的實力成長到在柔術競賽上稱霸四方。每當我踏上賽墊，裁判喊出「比賽開始」之後，觀眾便大聲倒數：「十、九、八、七、六……」。如果我沒能在十秒鐘內逼對手認輸，他們就會重數一次。就算到了黑帶級別，我唯一一場打了超過五分鐘的比賽，是在卡爾森堂哥的學員靠著裁判偏袒，擊敗我弟弟荷伊勒（Royler）之後比的——對手也是卡爾森的學員，體重一百零八公斤的重量級選手。當時我太生氣，所以決定折磨他。在我讓他落入下位後，我騎上去並施加難以忍受的沉重力道。我並不是在跟真正的對手戰鬥，而是試圖懲罰卡爾森，因為他搶走荷伊勒應得的勝利。

這些舉動全是基於自負與怒氣，我在與自己作對，**我的情緒否定了自己所有的細節和武藝**。我一直在浪費時間，彷彿自己站在冰上，哪兒都去不了。我只是盲目的攻擊對手，直到勞斯喊道：「快要八分鐘了！」我大為震驚，因為我把比賽拖得太久了。我回過神來，對自己很生氣，接著輕鬆逼他認輸。

事後，我明白自己再也不想像這樣打鬥，因為我讓情緒凌駕了理性。雖然當時沒人知道，不過我在那一天學到了重要教訓：在情緒激動下打鬥是個錯誤，因為情緒會使我盲目。

對我來說，**柔術必須更像是在下棋**——領先對手好幾步，並且運用智慧與技巧來把握任何機會。在一場打鬥中，很少會有雙方都同時處於安穩狀態的情況，幾乎總是會有一人在施加壓力，另一人則在承受壓力。如果陷入不安穩的狀態，就代表你正在落後。如果我陷入不安穩狀態，就會做出必要的調整，然後重返舒適，而一旦我進入舒適圈，我就會是對手最大的夢魘。

我從來不知道對手會做什麼，我也不需要知道。一旦雙方開始交戰，我的目標便是**利用疼痛與不適感來迫使對手犯錯**，接著再以一記完美的降伏技逼出投降。身為鬥士，即使我頗有進展，我仍有需要學習的事。如今我想要在無限制格鬥賽之中，發揮自己所具備的一切能耐。我很快會學到，柔術比賽跟無限制格鬥賽的差距之大，有如拿卡丁車比賽跟一級方程式賽車相比。

第4章

# 呼吸，重拾連結

一九八〇年，當父親昔日的仇敵黑豹・桑塔納打電話過來時，我正好站在他旁邊。如今距離那場經典的三小時格鬥，已經有將近三十年之久，而兩人也成為好友，可以對往事一笑置之。

父親聆聽桑塔納說了一陣子，期間不時點頭，然後轉頭對我說：「桑塔納說他在北方認識一個無人能敵的傢伙。他想知道我們有沒有鬥士願意挑戰。他打算辦一場大型活動。」

「爸！讓我去！讓我去！」我向父親懇求。

艾里奧被我的熱忱打動，於是對著話筒說：「桑塔納，我這裡有個男孩，雖然他還沒做出成就，不過我準備冒一次險來做這件事。那個男孩是我的兒子。」

當時我的生活很簡單。十九歲，仍然跟父母住在從小長大的那間公寓。我每天努力訓練，靠教學賺了不少錢，一有大浪便去衝浪。不過我的人生即將出現重大轉變，這不只是因為即將要參加我的第一場職業格鬥，也因為我深深陷入了熱戀。

第一次見到金・史塔溫斯基（Kim Stavinsky）是在海灘上，她的美貌令我驚艷。除了擁有完美的外貌，她還是一位相當獨立的女性，事業有成的模特兒、職業衝浪手與職業懸掛式滑翔翼選手（hang glider）。我們都聽說過彼此的名字，不過直到在糖麵包山

（Sugarloaf Mountain）舉辦的某場音樂會後，我們才第一次面對面交談。當晚我們一起跳舞，雙方產生了強烈的連結。金說她感覺我們彷彿在前世就已相識。雖然她有越來越多晚上待在我的公寓，但我們仍給予彼此很大的自由，因為她的生活跟我一樣活躍。

金很快就看到了我的另一面，因為我即將參加第一場無限制格鬥賽，對手是一名相當壯碩又可怕的非裔巴西人，名叫卡西米羅・納西門托・馬丁斯（Casemiro Nascimento Martins），格鬥時使用的藝名是「祖魯王」（King Zulu）。祖魯王三十三歲，身高一百九十三公分、體重一百零四公斤，打從一九六三年起就沒輸過比賽。他沒有加入團隊，並未隸屬任何武館，甚至不是使用某種特定武術。他是一名另類的危險鬥士，打鬥風格結合了卡波耶拉（Capoeira）[1]的步法與擒拿。他也喜歡對敵手做鬼臉，在賽場上嘲笑對方。

當卡洛斯伯父得知我跟祖魯王的比賽日期後，他激動的說：「在那個時間，希克森的情緒、智力與身體上的生理節律，都會處於最低點。如果由我決定，我會要求比賽改

1 譯按：卡波耶拉是一種於十六世紀由巴西黑奴所發展出的文化藝術，兼具舞蹈與武術用途，技擊型態多以腿部攻擊為主。

希克森與妻子金，攝於科帕卡巴納。
照片出自：布魯斯・韋伯

期。」我跟父親說，我不在意生理節律，甚至也不在意輸贏，我只想測試自己。**我整個人生都在等待自己成為鬥士**，如今我不可能退出。

在舉行這場比賽的一個月之前，我與父親前往巴西利亞，觀看祖魯王跟一名叫保羅（Paolo）的巨漢格鬥，保羅的體格大到讓祖魯王顯得有些嬌小。由於無限制格鬥在里約已被禁止多年，我從來沒看過真正的無限制格鬥賽。巴西利亞的群眾充滿敵意又暴躁，跟我想像中羅馬競技場的情況一模一樣。賽場邊有莊家在開賭盤，觀眾則對鬥士大喊讚美或羞辱之詞。這裡完全沒有裝模作樣的運動精神，只有純粹的瘋狂。

比賽開始時，祖魯王把保羅高舉過頭，接著拋摔在擂臺上——這是他的招牌動作，依靠蠻力勝於技巧。在祖魯王狠狠戳中保羅的眼睛，導致對方無法繼續戰鬥之後，比賽宣告結束。夾在喧囂的群眾與這場打鬥的暴虐之中，這次體驗使我深受威嚇。我希望祖魯王不會拋摔我，不過我認為自己聰明到能夠避開。回到里約後，我找了最強壯的傢伙對練，並且總是從不利的情況開始練習，例如遭受勒頸、臂鎖或被騎乘。狀況越不舒服越好。

一個月後，父親、勞斯與我返回巴西利亞參加比賽，他們會擔任我的場邊助手。比賽當天，金、我的朋友與其他家族成員也抵達了。若奧從里約帶了一整袋現金，他跟一

希克森與祖魯王第一次對戰的傳單。

照片出自：希克森．格雷西的收藏

名助理走進體育館，助理手上拿著一本筆記簿，接著若奧大聲宣布：「我帶錢來下注在這個里約的孩子身上！我要賭這個小傢伙贏！有人要來下注嗎？」許多人開始掏口袋，因為祖魯王未嘗敗績，而且體格比我大得多。人們簡直是排隊來跟若奧對賭。

## 重點不在擊倒

比賽當晚，我在更衣室背對著門伸展四肢。突然間，所有人都看向門外，彷彿有個幽靈站在我背後。我感覺到祖魯王的存在，他的陰影席捲而來，但我知道那是他試圖打亂我的手段，所以我不理會他，專心感受那股比里約更乾燥，巴西利亞的空氣。我保持專注，等待他離開。我知道自己已經準備好了。

當我終於走向擂臺時，噪音之大令我印象深刻。巴西的運動迷相當激情，我記得有人喊道：「幹掉那個小鬼！」我先進入老舊的拳擊擂臺，因為祖魯王已經名聲顯赫，而我只是一個來自里約的無名挑戰者。當對手進到擂臺後，他對我做出一個奇怪又醜陋的表情，然後像個瘋子般的跳來跳去。這一招讓觀眾激動起來，他們認為自己即將看到羔羊被雄獅生吞活剝的場面。

鐘聲響起，祖魯王從擂臺彼端衝過來。我堅守原地到最後一刻，並在他試圖擒抱我時，以一記膝撞狠狠打中他的臉。雖然他撲倒了我，但我確定自己已經打暈他，開始思考要怎麼慶祝我在職業賽的第一場勝利。然而，當祖魯王爬起來，搖搖頭並吐出牙齒與血水，然後再度朝我衝刺時，你不難想像我有多驚訝。

當我們在擂臺中央互相扭打，開始要抓住對方時，他一手穿過我的雙腿之間。我知道他正試圖使出他的招牌摔技，於是我以一隻腿纏住他的一隻腿，讓他無法把我舉離地面。接下來，他把背靠在擂臺繩上，解開我的腿——那是唯一能阻止他拋摔我的障礙——然後把我高舉過頭，距離高到我的腳底都朝向天花板。如今我頭朝下，向著堅硬的擂臺邊緣墜落，高度至少兩百四十公分。我在最後一刻勉強抓到最上方的圍繩，把腿擺盪到身體下方，成功以雙腳著地。我爬回擂臺重新打鬥，最後終於讓他倒地。當我壓住他的背部時，我抓住了他一隻手腕，並以肘部對他的脖子施壓。祖魯王非常強壯，即使我騎在他背上，他還是能揹著我爬出擂臺。

第一回合結束，我非常震驚。我已經對祖魯王使出所有招式，但他仍然像一隻狂牛朝我攻擊。我感覺自己氣力放盡又無計可施。我開始恐懼起來，彷彿自己正看著一條需要橫越的大河，但我並沒有去測試河流的深度與流速，只是小心翼翼的涉水前行，且心底開始冒出一個聲音：「那裡太遠了！水流太強了！你抵達不了！」我甚至在還沒嘗試渡河前，就想要放棄了。在這場打鬥之後，我才知道**負面心態**是如何毒害自己，**讓我的內心充斥恐懼與懷疑**。

我身上沾著祖魯王的血回到角落，並懷疑自己究竟有沒有辦法打贏那個怪物。我對父親說：「扔毛巾投降吧！我完蛋了。」

艾里奧忽略了這些話，然後他說：「你做得很好！他比你更累。」

我又說：「爸，我是認真的！」

他打斷我：「不對！他的狀態比你差得多，你會輕鬆擊敗他！」

我們開始爭執，然後勞斯倒了一整桶冰塊和水在我頭上。這陣衝擊使我重拾理智，在我氣喘吁吁的調整呼吸時，鐘聲響了起來。

一走向祖魯王，退賽的念頭便消失無蹤。我明白自己只有兩個選擇：殺或是被殺，別無出路。兩人都已經累了，所以第二回合的節奏慢得多，也沒那麼緊張。我躲開祖魯王揮出的猛拳，然後順利勾絆他。我試著拋摔，雖然沒有成功，但我開始明白父親說的沒錯：祖魯王比我更累。當觀眾看到這個來自里約的小子，仍然能跟祖魯王這位高手正面對峙時，氣勢開始轉到我這邊。所有人都喜歡看到弱者爆冷，如今大家開始喊道：「

孩子，上啊！你做得到！」

兩人站著扭打了一陣後，我終於把祖魯王摔在地上，然後立刻控制他的背部，並開始用手肘鉗住他的頭部與後頸。在我完成勒頸動作後，僅僅三分鐘之前還有如地獄般的處境，如今已變成純粹的喜悅。在我獲勝時，觀眾全都目瞪口呆。

比賽結束後沒多久，祖魯王擁抱我並說：「孩子，恭喜你。不過你擁有那麼多幫忙，而我是靠自己起家的鬥士。」我回抱了他，感謝他給予我參加格鬥的機會。

我的朋友兼顧問塞吉歐也來到巴西利亞替我加油。他事後向我坦白，在這場比賽之前，他其實心存疑慮但沒有說出來。他在我獲勝之後欣喜若狂，但不是因為我取勝，而是我向他展現出「柔術帶給人的力量與可能性」。這場勝利強化了塞吉歐的信念，如果我能擊敗祖魯王，那麼塞吉歐同樣有能力做到任何事。

後來卡洛斯伯父對我說：「如果你在生理節律最糟糕的時間點仍然能做到那種事，想像一下你在最佳狀態會有多厲害！」金也對這場打鬥印象深刻，我認為這也是她第一次了解，身為格雷西族人有何意義。

慶祝結束之後，我也必須面對現實：這是我人生中最艱難的一次經驗，而父親與哥哥是我獲勝的關鍵，他們把我從恐慌全面發作之中拉回來。這也讓我明白，我的家族幫了很大的忙。**我對勇者與真正鬥士的評判標準，並不在於他能擊倒對手多少次，而是在於他能爬起來多少次。**就算到了今天，我仍然感謝祖魯王讓我成為更好的鬥士。

這場打鬥讓我暴露在最深處的恐懼，也就是來自內部的恐懼。我缺乏自信的心態，源自對落敗的恐懼。**如果你連還沒發生的事情都開始害怕，那麼放棄就會成為一種自保的形式。恐懼並不是敵人，它只是一項必須受到管理的自我保護機制。**

當時我的自信還不夠充裕，不能毫無保留的相信自己，也對未知的事情心存畏懼。這是一種糟糕的感受。雖然靠著父親與哥哥的指導克服了它，但我也提醒自己，自我懷疑與欠缺自信的心態，將會削弱我作為一名鬥士的能力。我理解到，如果能控制自己的心智，就能全方位的提升表現。如果具備了這樣的精神穩定性，你就會明白，體能條件只是其中的一塊拼圖。

之前所有事情對我來說都還只是理論性質，但現在我已經面對了新的現實。我的第一場無限制格鬥賽教會我，**有時候你不是在體能上崩潰，而是精神上撐不住**。雖然我已經在肉體與心智方面建立信心，但是我在精神與情緒方面缺乏自信。如果你沒有這樣的靈性連結，你就無法在刀尖上跳舞。

我對自己發誓，從今以後不管後果如何，我永遠都要嘗試橫越那條大河。而這種想法造成了巨大的差異，不只影響我的格鬥生涯，也影響我看待人生的觀點。我會勇往直前，如果我致力於某件事，不論成果如何我都會怡然接受。

## 用感受重拾連結

過去我一直都在尋找能幫助自己在運動方面成長的事物，如今我則真正開始渴求相關知識。我心裡很明白，如果父親與勞斯沒當我的助手提供支持，我就會退賽了。假如想成為最偉大的格雷西，我不能仰賴其他人。我是唯一能站上擂臺、承擔責任、捍衛榮耀的人。

我的母親天生充滿耐心，她一直試圖找出能帶給我心靈平靜的方法。起初她試著要我練瑜伽，但我認為那些動作與姿勢對我來說既痛苦又不自然。接著她帶我參加超覺靜坐（Transcendental Meditation），可是我咒語唸著唸著就會睡著，無法持續專心。有一位練體操、對瑜伽很了解的朋友跟我說，有個叫奧蘭多．卡尼（Orlando Cani）的傢伙，正在發展一套稱為「生命體操」（Bioginástica）的動作系統。卡尼的目標是**讓人像動物一樣移動與呼吸，藉此重拾他們的天性本能**。他希望學員重視感受與直覺，屏棄思考與理性。

卡尼相信，**現代人之所以會喪失跟自己身體的連結，是因為大家被教導要多用腦思考而非以身體感受**。大多數人以為，心智與肉體之間存在明確的區隔，其實並非如此，兩者的關係更為共生與複雜。卡尼試圖重建心智與肉體之間的連結，做法是要學員意識到自己的日常動作，例如下床、步行、爬樓梯等。這種化繁為簡的方式讓我頗有共鳴，因為它跟柔術非常相似。

我的第一堂課是卡尼要我參加的團體基礎課程，以便他評估狀態。走進教室時，我看到神壇上放了一尊佛陀像，周圍擺了幾樣供品。地板鋪了硬木，房間一側設有多面鏡子，另一側則是高達天花板的落地梯。同席的學員是大約十二名男女，年齡介在二十五到五十歲，都是身體素質與協調性不一的一般人。

雖然卡尼看起來像是一九七〇年代的嬉皮瑜伽老師，事實上完全不是如此。卡尼比我年長二十歲，曾經是傘兵以及巴西史上最偉大的運動員之一。他是優秀的泳者、體操員、跑者與射手，同時擅長多種武術。

在他兩度於世界軍人五項全能賽（World Military Pentathlon）奪冠之後，巴西總統溫貝托．卡斯特洛．布蘭科（Humberto Castelo Branco）授予他運動十字勳章（Sport

Cross of Merit），這是巴西國內對運動員的最高榮譽。在他停止參加相關競賽後，他把心力全都轉向哈達瑜伽（Hatha Yoga）與調息法（Pranayama breathing），並造訪印度向現代瑜伽之父約根德拉上師（Shri Yogendra）求教。

課程一開始就令我印象深刻；即使年邁，卡尼仍身手矯健、行動靈活。我們開始參考並嘗試模仿他的動作，他則指導並鼓勵大家放鬆、調息與淨空心靈。他會說：「想像自己是一隻鳥，移動你的手臂。」這是具有節奏與流動性的動作，不像是瑜伽，更像是舞蹈。我發現這樣做，很容易進入更接近冥想的心理狀態。我沒有思考，只是在跟隨與模仿卡尼的動作。課程即將結束時，卡尼把我帶到旁邊說道：「希克森，你很特別。我想要私下教你，因為你有很高的才能。」

並非所有人都適合卡尼的課程，去他的教室不是為了減重或增肌。許多學員搞不懂他的指示，因為他不會說「再做十組動作」，而是說：「伸展你身體的軀幹，維持脖子的姿勢，吐氣，讓你的內在能量流動。」如果**專注於動作與呼吸，你的腦袋就不會再有其他思緒**；你不能先思考，接著再做動作與呼吸。上述兩者是有差別的。卡尼希望我們專注於身體的「心理動作系統」（psychomotor system）[2]，藉此培養出兼具速度、流暢與爆發性的延展度與靈活度。

## 清空肺部，才能享受深呼吸

我首先學習各種基礎姿勢，以及與其對應的呼吸模式。一旦我能正確做出來，卡尼便加入動作與武術中的動物形態。古代功夫大師在設計姿勢與動作時，參考了不同動物移動與打鬥的方式。老虎結合了力量與機動性，攻擊時剛強直率。白鶴則善於躲閃，姿態優雅，並利用長頸與尖喙來攻擊與防禦。蛇類快且敏捷，動作讓人難以捉摸，而且既能咬擊又能纏殺。卡尼喜歡讓我們嘗試模擬成不同的動物，因為牠們可以自然而然的使用其力量與彈性。

在較短時間之內，我就能同時結合呼吸與快速的動作，並進入冥想狀態。有天，卡尼的電話在上課中途響起。他必須接聽，於是要我自行練習。這是第一次我沒有跟隨領導者行動。我開始呼吸、移動、呼吸、移動，很快就沉浸在動作之中。我像猴子般在梯子跳上跳下。有一刻，我幾乎感覺自己可以飛翔。所有的動作，不管是站立、攀爬或立

2 譯按：心理動作是指只由心理歷程（包括大腦活動）支配的動作能力，包括手部靈活（如動作協調、準確性、速度等），但也涉及手臂或足部的大肌肉動作。

定，全都流暢無比，而且之間的銜接毫無破綻。我完全進入了無意識狀態。

回過神來，我正站在梯子最高的一階，全身大汗淋漓。我環顧四周，看到卡尼在角落哭泣。我問我的老師發生了什麼事，他回答：「我沒有能再教你的事情了。」

我問他為何這麼說，他告訴我：「過去的一小時又十分鐘我一直在看著你。我叫了你好幾次，不過你都沒有聽見，而是繼續移動。你徹底進入了冥想狀態，你的大腦與意識完全關閉了。」對我們兩人來說，這是令人激動的一刻。

每當我進入這種心靈放空的狀態，我就聽不見也不說話，而且不會意識到自己在做哪些動作。我不只是心靈變成了一張白紙，事後還會感覺自己的大腦被打掃乾淨並重新啟動。這給予了我脫離自我意識，然後以更強悍狀態返回的能力。我立刻發現了它的效果。我能夠以絕對清晰的程度集中精神，我的感官變得更敏銳，也更能覺知到身體與周遭環境。

到目前為止，卡尼教我的內容之中，最重要的是如何控制呼吸。人可以好幾週沒有進食、好幾天沒有飲水仍存活下來，但只要五分鐘不呼吸就會死亡。用一分鐘仔細想想這件事。這些呼吸技巧在未來幾年變得格外重要，因為它讓我更容易感知並控制恐懼、腎上腺素、驚慌與幽閉恐懼症。

舉例來說，如果我想在緊張的時候調節腎上腺素，我會以較慢的節奏呼吸，直到控制住情緒。如果我想加快腳步，我不會以心智對肉體發出加速的命令，只需要呼吸得深而快。在高強度勞動狀態時，**吐氣比吸氣更重要。若要享受一次良好的深呼吸，你必須有意識的清空肺部**。

以腹部呼吸時，我能吸入更多氧氣，排出更多二氧化碳。不知道如何呼吸的人，就好比有手卻不知道如何使用手指！大多數人是用胸部呼吸，代表他們呼吸時胃部沒有移動，因為他們沒有使用橫隔膜，只用到肺的上半部。如果只從胸部呼吸，你的呼吸就會短促且倉皇。

對追求優異成績的運動員來說，最需要發展的肌肉之一是橫隔膜，這樣才能更有效率的呼吸。卡尼發現一般人只使用了不到五〇％的肺部功能，所以他把調息技巧用於運動競技，這樣便能發揮出八〇％的肺部功能。這種**有意識的去呼吸**的做法，**就像是車輛變速的不同檔位**。包括長笛手、聲樂家、狙擊手、潛水夫與巨浪衝浪手，他們全都了解呼吸的重要性。今天你之所以聽見頂尖的職業網球選手，在擊球時大喊出「啊」的聲音，是因為他們知道用力吐氣時，可以帶來速度與更具爆發性的力量。

今日所獲得的一切，至少有一部分是奠基在呼吸帶來的成果，包括我的最佳表現、情緒控制與忍耐力。呼吸帶給了我這一切。

一旦我開始學習呼吸的機制並實際運用之後，我衝刺的距離變得比對手多一倍，恢復時間卻只需要對手的三分之一到四分之一。我發現，如果對手的心跳速度是每分鐘八十到九十下，而我的是六十下，那麼要不了多久，就會變成對手是一百二十下、我只有九十下。很快他會是一百五十下，而我仍然只有一百下——這時他就會開始慌了，因為他明白自己需要喘口氣，而我不需要。

## 該死就死吧！

卡尼教我如何放空心靈，使用直覺而非頭腦。跟他一起訓練之後，我的感知能力大為提升，甚至只要跟人握手，我就知道對方是敵是友、放鬆或緊繃、高興或難過、自信或不安。這讓我在擂臺上占有巨大優勢。當我打鬥時，我既不激動、也不理智。**我從來不去思考戰術，我只是讓自己跟對手建立深刻的連結**。比賽開始的鐘聲響起時，我不預期、也不計畫任何事。為了達到這個境界，我必須讓自己屏棄跟勝敗有關的所有思緒。任何在這場打鬥、跟這名對手對戰時不需要的念頭，全都要置之度外。

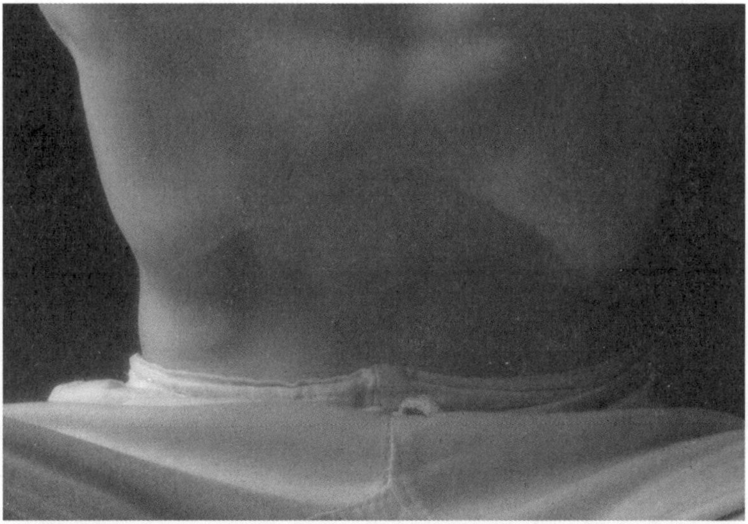

若要享受一次良好的深呼吸，你必須有意識的清空肺部。

照片出自：馬可仕．普拉多 /@REVISTATRIP, 1988，攝於里約熱內盧

我很快就在賽場與擂臺上實際測試這些原則。我學會如何把我的打鬥提升到臨界點，當對手需要休息時，我就施加更大的壓力並使出殺招。在父親艾里奧、哥哥勞斯以外，卡尼是我人生中最重要的導師。他幫助我以更靈性與感性的角度來看待格鬥。一旦我能接受死亡，可以輕鬆自如的走向它時，我還有什麼好怕的？

我個人最巨大的突破，是在我明白**人生不如使命重要**之後發生的。我向來勇敢無畏，但我時常把勇氣虛擲在蠢事上，承受了不必要的風險。舉例來說，我會冒著喪命的風險去衝大浪，因為我感覺那樣做能幫助我成長，但是參加派對並捲入鬥毆，如今看來似乎愚蠢甚至魯莽。我希望學會計算風險，把它保留到能夠推進使命的事物上，以便我成為最偉大的格雷西族人。

我很欣賞足球員比利（Pelé）[3]、游泳員馬克・史必茲（Mark Spitz）與其他幾位優秀的運動員，不過最讓我感覺受到啟發的人，是巴西史上最偉大的賽車手艾爾頓・洗拿（Ayrton Senna）。我們年紀差不多，彼此對訓練方法以及競技觀點也有許多相似之處。我們都相信，場下越是努力訓練，真正上場賽車或格鬥時便會越容易。

當洗拿的比賽因雨取消時，他會開自己的車出門，在最惡劣的狀況下練習。一九八四年，當時洗拿還是菜鳥，摩納哥大獎賽（Monaco Grand Prix）在磅礡大雨中展開。多位世界冠軍打滑並撞車，但洗拿這位開著爛車的無名新人，跑得比所有人更好更快。他曾說，當自己將車子駕駛到性能的極限時，他並不是有意識的在開車——這正是我在打鬥時的感受。

洗拿為人無私、重視靈性成長，我認為這並不是巧合。儘管相當好勝，但他同時也有深厚的同情心。一九九二年比利時大獎賽（Belgian Grand Prix），法國賽車手埃里克・科馬斯（Érik Comas）在練習賽時以時速兩百英里撞向路障並陷入昏迷。當洗拿開到撞車地點附近時，他聽見科馬斯的引擎仍在隆隆作響，便意識到他的腳還踩在油門上，那輛撞毀的車隨時可能炸成一團火球。洗拿毫不猶豫停在賽道中間，跳出車跑向科馬斯，關掉引擎並固定住科馬斯的頸部，直到救護車抵達。一九九四年洗拿喪生於賽場上[4]時我非常難過，但並不那麼意外。他當時已經在刀尖上生活好一陣子了。

在跟著卡尼訓練後，我已經可以在任何規則下與任何人戰鬥。我也不在意對方是否比我重九十公斤。這可以看做是一種特殊的自殺方式，但為了達成更大的使命，我願意

3 譯按：應為愛迪生・「比利」・阿蘭迪斯・杜・拿斯文圖（Edson "Pelé" Arantes do Nascimento），國內媒體常稱其為球王比利，是目前世界上唯一三度捧得世界盃的球員。
4 編按：指一九九四年聖馬利諾大獎賽，前兩天的練習賽也有車手嚴重受傷及喪生。

犧牲自己的身體。如今，我已有了安定的心靈，不再心懷恐懼看待自己最害怕的夢魘。

如果我得在這個過程中喪命，去他媽的，該死就死吧！

除了在心智方面的進展，我跟金的關係也變得認真起來。對我來說，這代表我在兩性關係上的一大步。我並不只把金看成隨便一個女孩，我想跟她建立關係，是因為我感覺自己已經遇見了終身伴侶。

她性格獨立、強悍又美麗，而且很有幽默感。她也不是那種派對女孩，非得要隨時擁有完美打扮與妝容。她可以去海邊衝浪一整天。金喜歡高級餐廳，但她也能甘於平淡瑣事，例如在家好好吃一餐。我們在各方面真的彼此互補，好一段時間，我彷彿活在夢中。我帶給她從未擁有過的安全感，她則鼓勵我立定大志。她集結我對女性所求的特質於一身，我認為自己遇見了真命天女。

## 只要是好士兵……

當金懷了第一個兒子時，我欣喜若狂。雖然我們沒打算那麼快生兒育女，但我知道她愛我，她也知道家庭對我來說有多重要。當時我沒有經驗，對懷孕這整件事毫無概念。

不過金更辛苦，因為她是模特兒與職業衝浪手，生育小孩將會對她的職業發展造成重大衝擊。無論如何，金的懷孕是我們生活中的一段美好時光。

當金即將臨盆時，我們前往里約一家小診所生產。她的分娩時間很久，當荷克森（Rockson）在醫師掌中扭動時，我就站在金的後方。當我發現那個小嬰兒是男孩時，那是我人生中最快樂的一天。

我愛這個嬰兒勝過我自己。十四個小時後，我們三人回到家，在那間公寓開啟了我人生的新篇章。

荷克森不是一個好照顧的嬰兒。他睡得不多，而且總是在哭。當我們從醫院回家之後，我陪了他一整夜，讓金能夠好好恢復。兒子在週二出生，接著在週三、週四與週五，我都沒怎麼睡覺或訓練。然而，那個週六我得參加一場柔術競賽的決賽，對手是塞爾吉奧．佩尼亞（Sérgio Penha）。當時佩尼亞是最新出現的柔術奇才，勝場無數而且地位飛快竄升。

這場賽事連續兩個週末舉辦，前一週我已經擊敗過佩尼亞。起初我打算參加中量級比賽，但當我看到佩尼亞被分在重量級時，我跟賽事主辦單位說：「讓我們把這場賽事辦得熱鬧一點。把我放進重量級吧。」在第一週的週日，我跟佩尼亞在重量級對決，並且以一記臂鎖逼他投降。他已經有好幾年沒那麼快輸掉了，如今他打算在下週日的公開組決賽報一箭之仇。

比賽一開始，我便感覺自己身體虛弱，復原情況不順利。我假裝自己在進攻，但其實只是在保存能量，等待機會。進入地面戰時，佩尼亞突破我的防守，全場觀眾為之瘋狂。在短短幾秒鐘之內，我就落後了七、八分。我假裝自己要輸了，給對手增加信心。觀眾也認為他們即將看到柔術史上最大的爆冷門！人們喜歡看到弱者得勝，如今開始大喊：「佩尼亞，相信自己！佩尼亞，加油！」

比賽快要結束前，佩尼亞以十五比零領先。我轉頭問勞斯：「還剩多少時間？」勞斯告訴我剩下兩分鐘，我知道現在不出招就來不及了。我擺出防守姿勢，當佩尼亞嘗試突破時，我反轉兩人的位置，從側邊騎上他，並對他施展勒頸。佩尼亞性格果敢，沒有拍地認輸，所以我把他勒到昏迷，當時比賽只剩下四十五秒。

如今柔術賽事已越來越難引起我的興趣。荷克森的出生，迫使我放眼柔術以外的領域，思考我想要怎樣的家庭，同時也更仔細審視自己出生的家族。荷克森出生時，艾里奧已經將近七十歲了，但他的心態仍然像是一九五〇年代那樣。只要孫子們成為他軍隊中的好士兵，他不在意他們是否有受教育或有禮貌。

## 戰士總是來來去去

艾里奧總是將卡洛斯、家族擺在第一，但他永遠不會承認母親給予他的支援。在我成長期間，我感覺母親總是心懷哀愁。有時候我會看見她在哭，然後問道：「媽媽，妳怎麼了？」雖然她總會說沒事，但我明白她正在默默受苦。我看見她為我父親與她的兒女犧牲了多少，而父親卻幾乎沒有回報她，甚至不承認她的付出。你能想像嫁給艾里奧是什麼感受嗎？

儘管我喜歡格雷西家族中的許多傳統，但一夫多妻並非其一。在格雷西家族中，卡洛斯伯父與艾里奧並不是最先開始一夫多妻的人，他們的父親蓋斯托跟我祖母結婚之後，也跟其他女性生了五個小孩。

大約在我十三歲時，父親問我：「你想不想要有更多弟弟？」我說想，於是他叫我上車。我們開了大約十分鐘來到博塔弗戈（Botafogo）的一棟公寓，接著搭電梯上六樓。艾里奧敲了其中一扇門，在武館工作的薇拉（Vera）開門探出頭，下方則有一顆小頭從門縫鑽出來並對著我笑，然後是另一顆、又一顆。我父親說：「他們全是你的弟弟。」這是我第一次見到荷爾克（Rolker）、荷伊勒與荷伊斯這幾位弟弟。

這些孩子可愛又友善，然而就算再怎麼喜歡他們，我也忍不住同情起了母親。我父親從來沒跟她講過想要更多小孩，他竟然直接在某天帶著四個小孩出現！母親起初很沮喪，但艾里奧最終說服她跟薇拉交朋友。雖然母親假裝自己已經放下這件事，不過我看得出來她有多受傷。

在我為人父之後，我開始把父親與卡洛斯伯父視作食古不化的老人家，他們的觀點與人際關係都彷彿困在往日時光。我的妻子金會全心全意的支持我，而我也承認，如果沒有她的協助，我就無法達成目前的成就。我看見她為我做出的犧牲，看見她總是願意把我放在首位，之後才考慮自己。我父親永遠不會像那樣感謝他的妻子，他完全不理會我母親的感受。在艾里奧的心中，他的使命比這些情感重要得多。

一九八二年是悲喜交加的一年。我一直希望有個兒子，如今我如願以償當上父親，但這一年我也遭受到重大打擊。六月時，勞斯跟家人去聖保羅的毛阿（Maua）山區過週末。在他下訂的飯店門口，他發現自己的舊滑翔翼綁在一輛車的車頂，剛好輾轉到了他朋友的朋友手上。由於勞斯曾多次差點發生意外，甚至有朋友身亡，所以他已經向妻子安潔拉（Angela）承諾放棄這項運動。即便如此，他還是在隔天安排了玩滑翔翼的行程。

那天氣候很不理想，完全沒有風，可是當勞斯決心要做某件事時，誰也沒辦法阻止他。雖然那位朋友認為太危險而不想出發，但勞斯說服對方讓他飛一次就好。

勞斯跑下坡道起飛，起初還有獲得一些升力，但隨後就迴旋墜落，掉至距離坡道八十公尺高的地面。他的朋友跑進茂密的森林，發現我哥哥睜大眼睛倒掛在樹上。雖然看起來完全正常，但他已經折斷了脖子，就此喪命。

我在電話中聽到這則噩耗，只花了幾秒鐘就明白，我的人生從此再也不會一樣了。這不只是因為我失去了一位偶像、導師以及我最喜歡的兄長，也因為如今我正式成為家族中的冠軍鬥士，必須回應所有挑戰，並且引導下一世代的格雷西鬥士。**如今，我是家族的最後防線**。

勞斯的喪禮在接近市區的一處墓園舉辦。家族所有人都出席了，只有卡洛斯伯父因為太難過而無法參加。棺木裡的勞斯穿著T恤，除了脖子很浮腫以外，其他部分看起來都很正常。遺憾的是，這是我最後看到他的模樣。我很想念他，至今仍然如此。他的死亡嚴重影響到我們的家族。

勞斯曾扮演了將家族兩端結合在一起的角色，因為他雖然是卡洛斯的兒子，卻由艾里奧撫養長大。他是家族間的橋梁，但現在這座橋已永遠消失。

第5章

# 柔術不是運動

家族中的第一個重大分歧來自勞斯的遺孀安潔拉，她將決定由誰接手勞斯的武館。雖然我父親有意願，但安潔拉把武館給了勞斯的弟弟小卡洛斯，而他很快就成為父親在柔術領域最大的競爭對手。小卡洛斯志向遠大，不同於艾里奧，他並不只想把柔術當成一種自衛武術，他正在思考如何把柔術轉變為競技運動，為它加上標準化的規則、找來贊助商，以及有裁判與比賽時間限制的官方認證賽事。

在跟祖魯王比賽之後，我的重心慢慢從柔術轉變至無限制格鬥。一九八三年，環球傳媒（Grupo Globo）試圖在里約的馬拉卡納齊諾體育館舉辦南美拳擊錦標賽（South American boxing championship），其中包括一場無限制格鬥賽，並宣布祖魯王將從北方南下，挑戰里約的鬥士。這是一樁大事，因為無限制格鬥在里約已被禁止幾十年了。

起初我不怎麼想再和祖魯王打一次，因為我已擊敗過他，我更好奇誰會接受挑戰。我希望像是德尼爾森・麥亞（Denilson Maia）這種強悍的巴西式自由搏擊鬥士，或是弗拉維奧・莫利納（Flávio Molina）這樣的踢拳手（kickboxer）[1]能夠回應挑戰。必須得有人捍衛里約的榮譽！不過鬥士多得是，我認為遲早會有人出面。

時間過了三週……還是一片沉默。里約的鬥士全都不願挺身而出！這就像是一陣巨浪打向岸邊，大家卻裝作風平浪靜，因為他們害怕涉水衝浪。我了解當時為何大多數鬥士畏懼出戰——對他們來說無限制格鬥是一個未知領域，與柔術或踢拳都不同。不戴拳套、護齒套與護襠，每回合十分鐘的比賽方式，不論輸贏都會使那些人脫離舒適區。

最終，賽事主辦方直接找上門，請求我再次跟祖魯王打鬥，並提出大約五千美元的豐厚酬勞。在我同意接受挑戰後，體育館一萬七千個座席隨之銷售一空。這一次我有著主場優勢，因為比賽是在父親曾跟木村政彥打鬥的馬拉卡納齊諾體育館舉行，而我所有的朋友、家人與學員都會出席。

## 他只是被我抓到一個錯誤

比賽當晚，體育館內坐滿了大聲吵鬧的觀眾。在我們的第一次對戰中，祖魯王行事輕率，因為他不畏懼，也不尊敬我。但第二次對戰時他謹慎得多，並未在鐘聲響起後就朝我衝鋒。當我們終於開始扭打時，他舉起我往下摔，卻被我的防守姿勢纏住。得益於卡尼的指導，如今的我在心智層面上已是截然不同的鬥士。在這場比賽中，我充滿自信

1 編按：參考空手道、拳擊、泰拳而成的職業格鬥技。

且做好了準備，我的身體會不假思索的自己行動。在某個時間點，格鬥變成一場超脫凡塵的體驗；就像身處船內的操舵室，我正隔著舷窗觀看波濤洶湧、海象惡劣的周遭。因為曾經進入到這個境界，所以我的身體不再需要任何指示。

就算祖魯王在我的防守姿勢內掙扎，試圖用頭錘或是挖眼，我也完全能保持鎮靜。這次我感覺對方攻擊得更小心，我得多花些時間才能消耗他的精力。我維持背貼地，確保自己有控制住他的頭，然後不斷用腳跟踢他的腎與浮肋[2]。祖魯王撐過了第一回合，因為他在我的防守姿勢內保持鎮靜，沒有犯下錯誤。但我並不著急，因為我知道他消耗掉的體力遠比我多。

體育館內非常嘈雜，我連第二回合開始的鐘聲都沒聽見。這時，祖魯王試圖擾亂我的心智，他鼓起雙頰、對我做鬼臉，又在擂臺裡跳來跳去。我仍然不確定這一回合是否已經開始，於是我轉頭看向裁判，比出兩根拇指。當裁判點頭示意時，我便展開攻擊。

雙方扭打之後進入地面戰，祖魯王試圖抓住我的脖子，但我順利逃脫他的箝制，反而控制住他的背。當我開始用力勒頸時，他巨大的手指在我臉上亂抓，試圖找到眼睛，但這時已經太遲了，最終我以勒頸逼他投降。

祖魯王沒有像第一次對戰時那樣筋疲力竭，**他只是被我抓到了一個錯誤**。

那些曾經讓我備感壓力的事情，在我跟卡尼一起訓練之後，如今都變得輕而易舉。我的潛力不只有些許成長，而是突飛猛進。現在我感覺自己像是多了一個備用降落傘，享有無人能及的優勢，準備好面對任何事情。在里約再度擊敗祖魯王，奠定了我在無限制格鬥賽中的衛冕地位。

我的日常生活沒什麼變化。繼續教學、訓練、參加柔術競賽，以及養育我的兒子。我開始認定荷克森會走上跟我一樣的路。從他很小的時候，他就是一個認真、專注、靈活且四肢無比協調的孩子。在他成長期間。我盡最大的努力把他培養得體魄強健又無所畏懼。我會把他往空中拋，就像我父親以前對我做的那樣。後來我買了彈跳床，他會在上頭跳好幾個小時。我還鼓勵他攀在繩索上越久越好。

## 孩子聯繫著婚姻

當時的我是個二十一歲的年輕爸爸，給予荷克森任何男孩所能夢想的一切。舉例來

2 編按：指第十一、十二對肋骨，一端游離於腹腔壁內，不與胸骨相連。

說，當他還年幼時，我就買給他全新的衝浪板。然而，若是如今的我則會說：「如果你想要那個衝浪板，你得對你媽好一點。得把衣服收進抽屜裡，並且負責削蘋果一整週，我才會買給你。」我在許多年後才明白，**自己賺來的東西更有價值**。但當年的我少不經事，如果想給兒子禮物，我就會不假思索的買下。

我每天的生活作息，並沒有因為荷克森出生而改變：早上七點離開公寓，教學與訓練到晚上十點才回家。我仍會在中午前往海灘跟朋友衝浪，也做了許多我妻子不再能做的事情。金開始覺得沮喪，我們之間的關係也第一次產生摩擦。有了孩子會改變一段關係的發展，因為焦點不再只是伴侶兩人。我還年輕，我渴求彼此曾經共享的熱情，於是開始跟金漸行漸遠，並跟其他女性談了幾段風流韻事。我從來沒把事情鬧到當面給金難堪，但她的第六感很準，知道事情有些不對勁。金開始對我越來越冷淡，我也因此變得更疏遠。不過我們都愛荷克森，決心繼續共同撫養他。

另一件讓我分心的事情，是巴西式自由搏擊挑戰賽（Luta Livre challenges）即將開始。巴西式自由搏擊是一種不穿道服、重視擒拿的無限制格鬥，已經存在了許多年。摔角手尤克里德・塔圖・哈特姆（Euclydes Tatu Hatem）在一九二〇年代開創了這種武術風格，並且曾在一九四〇年代跟我的喬治伯父打鬥。

尚未轉換身分的年輕爸爸——希克森拋接自己的兒子荷克森。
照片出自：布魯斯．韋伯，攝於科帕卡巴納

一九八〇年代，塔圖的學員浮士德・布魯諾希拉（Fausto Brunocilla）和其子卡洛斯（Carlos）接下火炬，教出多名強悍的弟子，像是馬可・魯阿斯（Marco Ruas）、胡戈・杜爾特（Hugo Duarte）與歐亨尼奧・塔德（Eugenio Tadeu），這幾位後來都在早期的綜合格鬥界闖出名聲。

巴西式自由搏擊的鬥士，多年以來都是我們的死對頭，而情勢在勞斯過世前夕更為惡化，因為有個空手道家在街上偷襲我一位堂弟；他已經是成年人了，而我的堂弟還只是個孩子。當勞斯聽說這件事，他直接走進對方老師（弗拉維奧・莫利納）開設的眼鏡蛇武館（Naja Academy），掀起一場大亂鬥。

在那場鬥毆之後，莫利納這位巴西的泰拳先驅之一，開始與巴西式自由搏擊鬥士們練習擒拿技術，準備對抗我們柔術家族。與其在街上鬧事，雙方決定在擂臺上算總帳，以柔術對抗巴西式自由搏擊的無限制格鬥賽事來分高下。柔術方的代表是我的學員馬塞洛・貝林、費南德・平杜卡（Fernando Pinduka）與雷南・皮坦圭（Renan Pitanguy）；巴西式自由搏擊方則是魯阿斯、塔德與莫利納。

比賽打得難分難解，最終我們贏了一場、輸了一場、打平一場。巴西式自由搏擊方對他們的成績很滿意。在跟莫利納這樣的踢拳手交叉訓練之後，有些巴西式自由搏擊鬥士開始感覺自己已經找出擊敗柔術的方程式，並且紮實的表現出來。

雖然我跟金的關係仍然緊繃，但她再度懷孕，並在一九八四年生下第二個孩子，我們把這個漂亮的小女嬰取名為凱安（Kauan）。凱安跟性格嚴肅的荷克森不同，她平靜又快樂。她隨時都在笑，而且強壯、沉著又鎮定，彷彿是一個小菩薩，大家都想抱她。她喜愛並景仰荷克森，不過她不像哥哥那樣四肢協調。凱安有堅強的意志力去試著模仿他，但我們得關注她的舉動，因為她有時會為了跟上哥哥而害自己受傷。凱安真正的天賦在於藝術，她喜歡音樂、歌唱與舞蹈。當我們播放音樂時，她就會開始跳舞。

凱安的到來為家庭帶來了正面影響，但金對我的不滿仍持續增加。如今她有兩個小孩要照顧，但我仍然沒有改變自己的生活方式，還是把大多數時間用來訓練與教學。儘管她深愛著我們的孩子，不過轉換到母職還是令她很不適應。轉眼間，她從事業有成的模特兒，變成待在家裡照顧兩名嬰兒的母親。現在的我會因此感到慚愧，但老實說，當年的我年輕、出名又自私。里約最漂亮的美女紛紛向我投懷送抱，而我無法一直抗拒誘惑的現實，更是無助於改善情勢。

不管我跟金之間有何糾葛，我都不會拋下孩子不管。他們太重要了。我的快樂都是孩子們帶來的。我希望教他們何謂尊敬與誠實。如果金改嫁給一個酗酒又抽菸，會對孩子造成不良影響的傢伙，該怎麼辦？儘管我是個失職的丈夫，又經常和金發生爭執，但我知道她愛我們的孩子勝過一切，也把他們照顧得很好。我們仍彼此相愛，也嘗試讓這場婚姻繼續下去，但一提到其他女性與關係，我就有著一種不尋常的判斷標準——卡洛斯與艾里奧完全不是那種敏感的「新時代」男性，顯然我也沾染到一些他們的心態。

一九八六年，金生下我們的第三個孩子，我們把次女取名為凱琳（Kaulin），她比姊姊更像荷克森。雖然凱琳天性靦腆，但好奇心十足，而且什麼都不怕。她是一名戰士，一旦下定決心便會讓事情照自己的意思發展。

雖然婚姻陷入僵局，不過孩子們為我帶來極大的快樂。

當美國時尚攝影師布魯斯・韋伯在一九八六年來里約拍攝巴西的運動員時，他聽說了我的事蹟。我們在他下榻的飯店見面並聊了一會，他開始對我的家族故事很著迷，很想了解我們的歷史與傳統。

韋伯的工作方式不拘小節又非常親暱。因為想更深入了解我，他會跟著我們一起去海灘、用餐，仔細觀察我們如何生活、養育子女。他拍攝的照片為我們注入了生命，因為它們展現出，即使是世界上最強悍的人之一，我仍然是一個有感情的人類——活潑、溫柔，並且關心我的孩子。韋伯理解了我生活與個性的複雜性。我們至今都還是好友。

柔術不是運動

凱安、金與希克森，攝於里約。

照片出自：布魯斯・韋伯

「即使是世界上最強悍的人之一，我仍然是一個有感情的人類。」
照片出自：布魯斯．韋伯

凱安與荷克森，攝於里約熱內盧，1988 年。
照片出自：布魯斯・韋伯

此外，韋伯不只是拍了幾張漂亮照片，他也是真正把我推向國際觀眾的第一人。要我們假裝成完美家庭並不難：金和我們的小孩全都外貌出眾，而我是成功的運動員，從外界看起來，我們堪稱是理想家庭。然而事實並非如此美好。

## 格雷西柔術不是運動

格雷西氏族持續在不同地方開枝散葉。荷里昂試圖在美國建立家族的武術名聲，小卡洛斯則在巴西採取不同的路線，主要聚焦於把柔術轉變得更具競技色彩——這個形式後來被稱為運動柔術（sport Jiu Jitsu）。

小卡洛斯聰明又富有創意，但我們在幕後總是不斷爭執。他認為格雷西家族已經聲名遠播，所以我們只需要維持聲勢就好。小卡洛斯一直想要帶頭領導，但他從來沒有面對過我曾克服的困難。我並不是單靠繼承取得家族冠軍鬥士的地位，而是付出血淚與汗水贏來的。

能夠開創運動柔術，多半要歸功於小卡洛斯，不過這也帶來了一個問題——**它改變了我們的武術，創造出許多紙老虎般的門徒，而那些人永遠不會踏進擂臺，代表格雷西**

柔術出戰。

我父親不喜歡這種運動版本的柔術，認為它弱化了我們的武術。艾里奧曾說：「這不是我的柔術，因為競技式的柔術不是武術。我創造的柔術是一種武術，讓人可以用來保護自己，避免自己在街上遭受欺負。」

一九八六年，我在里約參加的最後一場大型賽事，更能清楚顯示出事情變化得有多劇烈。當時我驚訝的發現，小卡洛斯把我的表親里根・馬查多（Rigan Machado）與基恩・雅克・馬查多（Jean Jacques Machado）列為學員。我有一段時間沒跟他們兄弟倆練習了，他們也曾是我的學生。里根是黑帶，體型壯碩且技巧出色，曾經分別在各年度的巴西全國錦標賽，贏下各種段位的冠軍。他跟我一樣，打從十四歲開始就沒在淘汰賽制的比賽中輸過。

讓我更驚訝的是，小卡洛斯聲稱贊助商要求我跟里根比一場。我不相信他。里根是小卡洛斯門下第一位黑帶，也是家族中冉冉升起的新星之一。如果里根擊敗我，便會成為格雷西柔術的新王者。贊助商要求的說法肯定是胡扯。小卡洛斯曾經私下慫恿里根：「想想看，如果你獲勝，你將成為新的家族冠軍鬥士！」

當小卡洛斯跟我提到這場比賽時，我對他說：「小卡洛斯，你為了他媽的贊助商，破壞家族間的聯盟，要我跟里根對打。這簡直是在亂搞。」我有一段時間沒跟馬查多兄弟練習了，或許里根因此認為自己可以擊敗我，所以我警告他們兩人，如果要比賽，我會全力以赴。

我們在公開組決賽對戰，彼此接觸後，里根把我重重摔向地面。我迅速起身並絆倒他，雙方以最快速度來回攻防。我們兩人都把各自的油門踩到底，不過儘管里根的體格比我壯碩，我知道他無法一直跟上我。時間剩下三分鐘時，他已經因為比賽的節奏與激烈程度而難掩疲態，讓我能以一記勒頸制伏他。

比賽結束後，里根走過來對我說：「跟你對打是我人生中犯下的最大錯誤。我再也不想跟你打了。我是因為小卡洛斯的要求才這麼做的。」

「別在意，事情過了就過了。」

## 第一次「重返」日本

我對柔術界的政治角力沒什麼興趣，而且我還有三個孩子要撫養。我想要打職業級的無限制格鬥賽，而巴西以外唯一有舉辦這種活動的國家是日本。但在日本格鬥並沒有那麼簡單，因為日本的極道（Yakuza）組織勢力強盛，它們深深涉入幾乎所有格鬥賽事。更糟糕的是，許多參賽的鬥士雖是職業摔角手，身強體健、技巧出色，但許多比賽都有設計好的「劇本」。而我拒絕打假賽。

一九八七年，我和朋友兼非正式顧問塞吉歐，帶著要給安東尼奧．豬木（Antonio Inoki）的介紹信，第一次造訪日本。豬木曾是摔角手，在一九七六年跟穆罕默德．阿里（Muhammad Ali）打過表演賽。現在他已經退休，成為日本最有權勢的格鬥推廣者之一。

在我造訪日本之前，這個國家就一直是我人生中的一部分。柔術源自日本，而且我知道我伯父曾向日本鬥士求教，也聽說過父親跟日本鬥士對戰的故事。我不相信巧合，而是認為**生命存在比巧合更深層的連結**。

為什麼我父親是巴西最著名的柔術鬥士與導師？為什麼格雷西家族的各個世代都要學習柔術，並為了證明它的能力與優越性而戰鬥？當我小的時候，我還做過自己說出流利日語的夢，夢中的我了解自己在說什麼，甚至記得自己用日語跟人爭論。不過等我在里約醒來時，我就再也聽不懂日語了。

豬木並未立刻接見我，所以我在等待的期間探索東京。首先我去「講道館」致意，那是全世界最知名的柔道武館（柔道界的總本部）。柔道創立者嘉納治五郎，便是在這裡指導前田光世，而前田隨後又指導了我的伯父們。想到前田為我的家族所做的一切，我感覺自己有義務造訪此地。雖然講道館的柔道大師們熱情歡迎我，但當我告訴他們，我來日本是為了安排一場職業格鬥賽時，他們禮貌的跟我說，我不能在講道館訓練，因為嘉納治五郎禁止賞金格鬥賽。

在經歷更多的等待與繁文縟節之後，豬木仍拒絕見我。他創立的組織，希望我成為他們旗下的鬥士，就像一名職業摔角手那樣。對他來說，我可能只是另一個正在尋求機會的無名小卒。雖然這趟旅程似乎徒勞無功，但我對日本有了更多理解，並在未來派上用場。

首先，我學到日本社會結構緊密，對規則與階級的重視程度高於一切。其次，我學到無條件服從的重要。居次者永遠不會質疑上位者，不管對方錯得多厲害。對我來說，跟隨一個做錯事的人，完全稱不上理性或守信譽，那只是盲從。這也使得我重新評估自己對武士的看法。

根據武士道中的守則（即戰士信條），榮譽與忠誠比財富、生命與家族更重要。在戰場上，武士絕對忠誠、威武不屈，是強大的戰士，但他們並不是為了自己而戰。自始至終，武士都侍奉於人，受到榮譽約束，必須忠於他們的主人。武士的日文字是「侍」，

「生命存在比巧合更深層的連結。」希克森與荷克森。
照片出自：馬可仕．普拉多 /@REVISTATRIP, 1988，攝於里約熱內盧

真正的意義是「服侍者」，而他們的夢想與野心，得要跟他們的將軍一致。

由於無法成功在日本舉行格鬥賽，於是我返回巴西；父親則開始說服我搬去加州，協助荷里昂推廣格雷西柔術。我父親的說詞是：荷里昂需要最厲害的格雷西族人前往美國，才能讓這項武術普及起來。我認為這種說法有道理，但我不想拋下我的家人。當金懷了我們的第四個孩子時，家裡的情況變得更緊繃。這次懷孕的過程格外辛苦，為了避免流產，她大多數的時間必須待在床上。

有天，金狠狠發了一頓脾氣，將對我以及現況的不滿全都宣洩出來。她在盛怒之下講了些刺耳的話，於是我說：「如果我待在這裡讓妳不開心，那麼我就去跟朋友住。我會過來看望孩子，妳需要的支援我都會提供。」

雖然重獲自由，但如今我是有孩子的人，感覺跟從前並不相同。當我的次子克朗（Kron）出生時，我跟金仍然在分居。克朗是個冷靜的男嬰，跟荷克森完全不同。他總是笑容滿面，而且很有幽默感，我們都叫他「乖乖牌」（bozinho，葡語）；女孩們都非常喜歡他。不過金堅持，我不能用對待荷克森的方式養育克朗。雖然荷克森只有七歲，但他已經是我的得力助手，不管去哪都跟著我。他已經打算走上格雷西族人的路，成為一名鬥士。

## 鋼鐵相互砥礪

當人們聽說我要前往美國後，坊間開始流傳一條謠言，說魯阿斯想要挑戰我，他是巴西式自由搏擊最傑出的鬥士之一（後來贏得終極格鬥冠軍賽[3]）。我不能正式向魯阿斯提出挑戰，因為我已經是闖出名聲的冠軍，而魯阿斯曾和我的學員打成平手。儘管不想這麼做，但我也必須展現出自己願意跟他戰鬥，時間地點不拘。

一天晚上，父親、貝林、塞吉歐與我，開車到巴西式自由搏擊的武館。當我們走進門時，現場的二、三十名鬥士立即停止訓練，直直盯著我們。魯阿斯走過來歡迎我們，大家以禮相待……至少一開始如此。我告訴魯阿斯，自己聽說他想跟我戰鬥，於是我過來了。他說他的確有意願，但需要四個月來準備。這種說法使我感覺他並不是想藉由這場打鬥證明自己，而是想從中獲利，讓我很生氣。我才是那個走進獅子巢穴的人，不計得失，願意且準備好為了榮譽而戰！場面開始變得緊繃，我父親走到我們之間，讓事態冷靜下來。

3 編按：一九九五年UFC 7錦標賽冠軍。

艾里奧提議他們交出一份名單，看誰能在一天之內上場戰鬥，我氣憤的對他說，這不是在街上抽彩券。情況繼續惡化，大家情緒越來越激動，於是我告訴對方，準備好戰鬥時再聯絡我們。準備要離開時，站在魯阿斯背後的杜爾特（當時他還是個默默無名鬥士）說：「你可以把我放在名單的第一位！」我從杜爾特的眼神中可以看出，他是認真的。他想跟我打。

一開始我前往巴西式自由搏擊武館，打算跟知名的傑出鬥士魯阿斯對戰，但如今我卻被迫要跟一個新人打。我不能向無名小卒提出挑戰，於是我請一位朋友通知杜爾特，要他在週六去佩佩海灘（Pepê Beach）跟我碰面。安排打鬥的那一週我生病了，我還在考慮是否提出延期，但那位充當信使的朋友來電跟我說：「都安排好了！杜爾特會在週六過去！」如今我知道已經沒有退路，於是我開始調養身體，為戰鬥做好準備。

那個週六早上，格雷西．巴拉武館（Gracie Barra Academy）[4]聚集了大約四十個人。我想確保這是場一對一的格鬥，所以我分別向所有人發出指示。我要表弟基恩幫我提防周遭，因為屆時我會被雙方的鬥士圍住。接著，堂哥小卡洛斯問我這場格鬥是否真的值得？他說：「如果輸掉，你會損失一切；即使贏了，你也一無所獲！」如果他是在打鬥的幾週、甚至幾天之前質疑我的決定也就罷了，在打鬥前幾分鐘他還這麼說！那完全是另一回事了。

有些格雷西族人總是會為了家人站在最前線，例如我父親與哥哥勞斯，但也有些人不會那麼做。我這個世代的所有格雷西族人，都練過武術並學習相同的思想體系，不過不是每個人都能成為偉大的鬥士。由於我挺身而出和那個夏威夷人以及祖魯王對打，並且擊敗了他們，我才成為了希克森．格雷西，不再只是艾里奧．格雷西的兒子。對，我姓格雷西，但如果我沒有參與並贏下這些戰鬥，我擁有的也就只是個名字。

我告訴小卡洛斯自己別無選擇，因為如果我不打，沒人會出面。接著我對他說：「兄弟，思考的時間已經結束了。現在是實際動手的時刻。」

巴拉武館內陷入一陣緊張的沉默，直到我當時只有七歲兒子荷克森開口：「如果杜爾特帶兒子過來，我也會狠狠教訓他！」

眾人哈哈大笑，氣氛輕鬆了起來，直到有人打開大門喊道：「巴西式自由搏擊的那些傢伙已經到佩佩海灘了！」

---

4 譯按：小卡洛斯在巴拉達蒂茹卡（Barra da Tijuca）區創立的柔術武館，該處以高級商業區及上流社會生活聞名。

當時我並不認為帶兒子參加、觀賞打鬥有什麼問題，畢竟這是我們的家族事業，而且有時候你就是得讓人明白自己的立場。我們整組人一起行動，來到佩佩海灘時，杜爾特已經在現場了，塔德與許多頂尖的巴西式自由搏擊鬥士也前來為他助陣。

我們都知道彼此為何來到此地，所以我走向杜爾特，一掌摑向他的臉。他脫下上衣與涼鞋，雙方先是站著扭打，直到我成功把他拖到地面。杜爾特扯著我的馬尾辮，控制住我的頭部並後退起身。他壓在我上方，於是我試著絆摔他，但因為我的膝蓋陷在沙裡，所以讓杜爾特逃脫了。我們再度站起來，對打間撞進了一個攤販，雙方又跌到地面。群眾快速圍住我們，我再度騎上杜爾特，緊緊纏住他，接著開始隨心所欲猛打他的臉。如今他完全無法防禦我的拳頭了。

當我問杜爾特要不要認輸時，他回答：「要我認輸，你得殺了我！」所以我繼續用拳頭與手肘打他。在他的臉又被多打幾次之後，他改變了主意，當他說「停手！」時，我便放開了他。

我們站起身走向海洋，洗掉身上的血與沙。杜爾特轉頭對我說：「我很不爽。我原本占優勢的，還不是你的親戚趁我在地上時踢我，還扔沙到我的眼睛裡！格雷西一族盡幹這種狗屁事！」

「好，那我們繼續打吧。」我回答。

當杜爾特說：「不了，但我們還會再碰面的！」我知道這件事還沒結束。我們走出水面時，倫佐（Renzo）、荷伊勒與其他人，已經跟巴西式自由搏擊的人發生了衝突。雖然這些爭執在當下結束，但荷伊勒將在幾週後跟塔德對打。

一週後，我在睡覺時，朋友騎著機車停在公寓前方大喊：「希克森！那些混蛋入侵了你父親的武館！」我趕緊跑下樓梯，只穿著內褲就跳上機車。通往武館的道路擠滿了人，路上的汽車與公車紛紛猛按喇叭。我們從人群中硬開出一條路，當我上樓跑向武館時，父親、杜爾特、塔德以及巴西式自由搏擊的頭號人物德尼爾森．麥亞正好要下樓。父親一如往常，鎮靜的控制住場面。

我看見杜爾特，並注意到他流了不少汗，已經熱身完畢。我們走向混凝土地面的院子，許多跟著杜爾特過來的傢伙，用T恤遮住臉部，有人帶著槍，其他人則拿著小刀與碎玻璃瓶。這些人是幫派分子，不是行事有原則的鬥士。我走向杜爾特，表示在開打之前想跟他談談。我父親、杜爾特以及他的老師麥亞，跟我一起走進後院。

我說：「杜爾特，我尊重你過來這裡報仇，我沒有意見。我會在這裡跟你打，但這一次跟前一次不同，上次我們對打時，那是鬥士之間的事。今天你帶來的這群人，其中有些人就是混混。讓我跟你說清楚：如果有人在這場打鬥結束之前跳進場內干涉的話，我會非常不爽。」

杜爾特回答：「不會，只有我跟你。」

我點頭說：「好，那麼我們開始吧。」

我們走回群眾聚集的院子裡，雙方擺好架勢。我立刻感知到杜爾特想要用拳打我，所以我引誘他出拳。當他中計時，我擋開拳並扭抱他，接著狠狠把他的背部摔向石地。我騎上杜爾特然後狠狠揍他，他試圖用手遮住臉保護，但我開始抓住他的頭往階梯撞。當他移動雙手阻止我時，我就揍向他的臉。這時候他高喊：「停手！停手！」

我停下攻擊，站起來說道：「你是個強悍的傢伙。你在格鬥界會有光明的未來。這件事到此為止了嗎？」

杜爾特回答：「是的。」我相信他所言不假。

我們互相握手後，我的弟弟荷伊勒開始跟塔德對打。當大家都轉而注意他們的戰鬥時，一輛警車在門口停下。警察沒辦法穿過人群，於是其中一人拿出手槍，對空開了一槍，但還是沒有人移動。接著那名警察的搭檔，一名瘦小但蓄了濃密八字鬍的傢伙，用他的自動步槍連發了一串子彈，其中一顆打中建築，跳彈擊中了某人的腿。這時荷伊勒與塔德終於停止打鬥，群眾也開始消散。當人們準備離開時，那名瘦小的警察走到院子中間，微笑著大喊：「這下誰才是硬漢？」

我認為這件事好笑的地方在於最瘦小的警察反倒什麼都不怕。但遺憾的是，他得靠著那把槍才能超脫於爭端之外。幾天後，荷伊勒與塔德在對戰三十八分鐘後打成平手。

如今回頭看柔術跟巴西式自由搏擊的爭鬥，我有著非常不同的看法，當年我們都是攻擊心強盛、渾身都是睪固酮的年輕人，而兩種武術之間的對抗，使我們全都成為更厲害的鬥士。鋼鐵相互砥礪，我們都該感激**彼此之間總是能抱持著敬意來對戰**。雖然難免會有黑眼圈、流鼻血與打斷牙齒的狀況發生，但我們的戰鬥始終是一對一，並在遵守榮譽與互相尊重的前提下進行。後來魯阿斯、杜爾特、麥亞、塔德、我的兄弟與堂表親還有我，全都投入了美國與日本的職業綜合格鬥賽，這絕非巧合。

第 6 章

# 前往美國，第一屆 UFC

當時，我在巴西已經沒什麼要向人證明的了。美國是更大的舞臺，機會更多，而且我認為我的孩子在那裡會有更好的未來。決定搬去美國時，我跟金已經分居超過一年半了。我前去見她，表明希望她與孩子跟我一起去美國，並且給這段關係再一次機會，她也同意了。我想要有個嶄新的開始。

雖然去過美國好幾次，但這次是要在那裡定居。父親告訴我完全不用擔心，說我只需要教學與訓練，其他事情會由荷里昂哥哥處理。問題在於我不會說英語，從辦綠卡到找地方住，全都得仰賴我哥。起初，我對這一切感到很放心，因為我想幫忙荷里昂把格雷西柔術的福音傳播到北美。我跟母親、荷克森與我的朋友路易斯・「檸檬」・埃雷迪亞（Luis "Limão" Heredia）一起前往美國，比金與我的其他孩子先行啟程。我們搬進荷里昂在托倫斯（位於洛杉磯郡的濱海城鎮）的宅邸，並且在他的車庫開課指導柔術。那是一段令人興奮的時光，我全心投入，為荷里昂與格雷西家族服務。

雖然我可能是家族中最強的鬥士，但荷里昂才是格雷西柔術至今最厲害的推廣者。他是天生的銷售員，帶著優質產品去販售；當時手持攝影機也為推廣柔術幫了大忙。

荷里昂來到美國之後，便開始向其他派別的鬥士提出挑戰，並拍攝比賽的過程。這些比賽與其他打鬥的影像，把過去的都市神話，轉變為有紀錄佐證的事實。一九八八年，荷里昂剪輯了一支名為《格雷西柔術實戰》（*Gracie Jiu-Jitsu In-Action*）的影片，並在武術雜誌的封底打廣告，以郵購方式販售。各位要知道，當年網路還沒有普及，更別說YouTube，所以武術家會將這些錄影帶視為宗教聖物般看待，其中最寶貴的便是《格雷西柔術實戰》。

儘管荷里昂製作的這支影片品質沒有那麼精美，但它靠實戰內容來彌補，其中包括我跟杜爾特在海灘的打鬥、和祖魯王的第二場比賽、幾場巴西式自由搏擊對抗柔術的比賽，以及在美國跟不同流派鬥士挑戰的比賽。荷里昂添加的旁白有部分是在刻意挑釁，用來激起其他鬥士的情緒。這是一支威風又大膽的影片，讓一九八〇年代的美國鬥士大開眼界——因為當年他們多半著重在打擊技而非擒拿。「格雷西挑戰」已經來到美國！

好一段時間，我所有的兄弟與堂表親，都相當成功的完成了我們的共同任務——把格雷西柔術推廣至美國。我們的學員經常在挑戰賽中取勝，接著把這些鬥士吸收成新學員，查克．羅禮士（Chuck Norris）便是其中之一。

這位演員兼美國武術名人，不只是我們早期的強大支持者，同時也是一名努力不懈的學生，最終取得了黑帶。羅禮士曾在一九八〇年代前往里約度假，當時不管他去到哪裡，都會聽到格雷西柔術以及我們家族的英勇事蹟，於是他聯絡我父親，安排了一堂私人課程。

我先跟羅禮士對練了一陣子，接著艾里奧要羅禮士騎在他身上。羅禮士照做之後，父親說：「好，查克，現在出拳揍我。」這位美國人猶豫了，因為艾里奧當時已經七十多歲，但他相當堅持。最終羅禮士收臂準備出拳，但在他揮出之前，眼前的老人已經把他勒到昏迷。離開巴西時，羅禮士對格雷西家族留下了深刻印象，並邀請我們前往美國，為他的學員舉辦一場研討會。

所以我在一九八八年前往拉斯維加斯，為這位好萊塢偶像舉辦武術研討會。因為荷里昂的英語比我們流利，所以由他擔任活動司儀，我跟其他九位兄弟跟堂表親則負責指導學員。羅禮士在拉斯維加斯隆重歡迎我們，而且在介紹我們時致上深深的敬意。在荷里昂讀完艾里奧撰寫的信函，感謝羅禮士邀請我們前來後，荷里昂跟我展示了幾招自衛技巧。接下來，我跟羅禮士進行一場友誼賽。我讓他近身踢我，但我隨即勾絆並壓倒他，然後在大約一分鐘之內勒住他的脖子。

雖然這場研討會非常成功，但後來荷里昂跟羅禮士在金錢上有些不愉快，結果荷里昂不只失去了這位學員，羅禮士還聘請了我們的表親馬查多兄弟（包括卡洛斯、里根、羅傑〔Roger〕、基恩．雅克與約翰〔John〕）來教他。

同父異母的格雷西兄弟，從左至右為：
荷爾克、荷伊勒、艾里奧與希克森。
照片出自：布魯斯・韋伯

## 格雷西柔術變成了「巴西柔術」

馬查多兄弟來自比我們更穩定的中上階級，他們的父親是一位法官，成長階段也不住在里約。他們不只比荷里昂更為明理，也有資格成為優秀的柔術鬥士與老師。基恩表弟很擅長鼓舞學員，後來成為美國最傑出的柔術教練之一。他出生時就有殘缺，其中一隻手只有拇指跟一部分的小指，但他比我所見過的任何人更懂得學習如何適應與變通。他的柔術非常具有個人風格與創意。

我跟基恩是在他的青少年時期變得親近，當時他開始過來里約跟我訓練。他對訓練的認真程度讓我印象深刻。我會在早上七點教第一堂課，當我到武館時，就會看到他早已坐在路邊等我開門。他會整個早上專心看我教學，聰明的默默觀察，直到換他訓練；而在那一刻到來時，他會完美執行所有的格雷西教條。他具備渴望、意志力、運動能力與謙遜。就算還是紫帶，他也讓那些黑帶覺得自己是難纏的對手。未來他將會成為格雷西家族在柔術與擒拿領域中最厲害的選手之一。

羅禮士對馬查多兄弟非常欽佩，甚至提供場地讓他們開設自己的武館。雪上加霜的是，這個消息迅速傳開，於是人們發現可以向他們學習格雷西柔術，用不著跟荷里昂打交道。馬查多兄弟在美國知名武術家中獲得廣泛支持，其中包括摔角手吉恩・勒貝爾（Gene LeBell）。在來到美國的格雷西族人當中，馬查多兄弟並不是唯一挑戰荷里昂並自行其是的人。格雷西氏族在美國分裂且各成宗派，而荷里昂完全沒有辦法阻止。正如我們的蘇格蘭先祖，格雷西氏族的領袖開始彼此爭鬥。

然而，荷里昂不只是一位黑帶柔術導師，他還有法律學位，也經常利用法規來取得優勢，不惜在商業場上猛力開戰，導致許多族人心生怨懟。艾里奧希望荷里昂能領導來到美國的格雷西族人，但這種事情說來容易做來難。當中有太多人往不同方向發展，荷里昂領導所有氏族的努力終究事與願違。

在荷里昂威脅要控告那些與他一起在柔術墊上長大的格雷西族人，禁止他們使用「格雷西」的名號之後，許多家族成員便決定放棄這個名字。於是，格雷西柔術被改名為「巴西柔術」（Brazilian Jiu Jitsu）。如果當初荷里昂允許所有人使用家族姓氏的話，我相信我們的武術至今仍然會叫做格雷西柔術，或許會比現在更為興盛。

而對荷里昂來說更糟糕的是，像倫佐（其父為荷布森，卡洛斯的次子）堂姪這樣鬥志強盛又有魅力的格雷西鬥士，很快就會前往美國，對他的事業造成更多威脅。我跟倫佐以及他的兩位弟弟荷爾夫（Ralph）、萊恩（Ryan），在他們小時候就認識了。在他們的父母荷布森與維拉（Vera）離婚後，倫佐便被兩位弟弟與許多人視作父親般的領袖。當倫佐來到美國時，他已經領導了許多年輕一輩的格雷西族人，以及其他人生缺乏方向的朋友。倫佐是天生的鬥士，在面臨危險情境時不會驚慌，反而變得更加專注。

倫佐後來成為最有成就的柔術教練之一。我曾詢問一位受過我與倫佐指導的學員，倫佐在紐約市開設的武館是什麼狀況。對方回答：「那裡的訓練很辛苦。想像你把十個嬰兒丟進泳池的深水區，其中九個可能會淹死，不過活下來的那一個，將會成為奧運等級的游泳員。對白帶生來說，倫佐的武館就像是那樣。」

倫佐不只是大膽無畏的綜合格鬥戰士，他也有一副好心腸，我相信這造就了他的成功。因為倫佐曾體驗過家族成員一起訓練的正面效益，於是他在紐約市重現了這種氛圍，並鼓勵許多年輕的格雷西族人搬來美國。一旦他們抵達美國，倫佐便提供工作與住所，照顧他們的生活。我最喜歡倫佐的地方在於，他發展得越成功，他就越慷慨大方。

## 將成見留在更衣室

我跟倫佐、馬查多兄弟不同，一開始我無法脫離荷里昂。因為我是透過他才取得線卡，所以我無法以自己的名義賺錢，甚至不能開銀行戶頭。當金與我的另外三個孩子來到美國時，我承擔的壓力劇烈增加。除了在荷里昂的武館當教練，我也在拉古納海灘（Laguna Beach）的健身俱樂部開課。我把自己靠教學賺來的錢全部交給荷里昂，他則負擔我所有支出。但當我的學員變多，支票金額越來越大時，我收到的錢卻沒有變多。後來荷里昂甚至對我說，如果我不聽從命令，他可能會拿走我的綠卡——這讓我們的關係降到了低點。

為哥哥工作如今變得越來越不愉快，於是我決定放手一搏，開設自己的武館。金來美國時帶了一點積蓄，所以我們有一些錢可以作為獨立自主的基金。當荷里昂無法再控制我之後，我就變成了他最大的對手，因為我具備他所欠缺的形象、能力與領導技巧；最糟糕的是，所有人都知道這件事。

位在皮可大道的西洛杉磯空手道武館（West LA Karate School）租給我場地開課。它座落於洛杉磯的工業區，是一間傳統風格十足的日本空手道武館，有著挑高的木製平臺、卷藁（makiwara）[1]打擊樁，以及一幅年邁的日本空手道大師油畫像。我的武館夏

1 編按：意為捲著的乾草、禾桿；音同「稿」。

熱冬寒，沒有招牌和停車場，也沒有窗戶與淋浴間，幾乎不可能被路人注意到。不過因為我是家族的冠軍鬥士，加上加州正風靡著格雷西柔術，用不了多少時間，全世界的危險男子，就會開始尋找這間藏在巷弄之內、旁邊是一家汽車修理場的武館。

我門下的第一代學員，多半是雄心勃勃的職業鬥士、一輩子都在鍛鍊武術的行家、衝浪手，或是日常工作中會使用武力的男性，包括：軍人、警察、監獄守衛與保鏢。這是我所謂「危險」的意思。有些人是過來學習的，其他人則是想測試我們的能耐，但最終他們全都成為專心致志的格雷西柔術學員。

我的皮可**武館是一處中立的環境，你必須將成見與偏見留在更衣室。我不容許柔術墊上有其他不相關的想法來攪和**。

我推廣格雷西家族的武術，結識有趣的人士，其中許多人成為我的終生好友，不只豐富了我的人生，也開拓我的眼界，讓我接觸到過去從未體驗過的事物。

學員們選擇讓自己踏進一個動盪、混亂，充滿恐懼與攻擊性的環境。柔術可以將本來彼此對立的人聚集在一起；這並不容易，有時甚至會令人尷尬——例如大麻栽種者和警察在課堂上纏鬥對練。不過沒有比這裡更適合讓雙方建立連結的地方，因為在他們會相遇的地點之中，柔術道館是最中立的場所。起初他們認為彼此會互相討厭，但在一起訓練好幾週之後，雙方便發展出相互尊重的關係。

## 柔術武館就像馬戲團

有些教練只關心如何打造出鬥士，並不在乎武術所帶來的其他正面效益。我的武館永遠不會變成那樣。我喜歡接納體格小但擁有開闊心胸與心智的傢伙，例如佩德羅．紹埃爾（Pedro Sauer）、路易斯．檸檬，以及弟弟荷伊勒，然後讓他們成為冠軍。我從來不會因為某人的體型或體能做出評斷。我已經學到，一個人的態度與性格更加重要。

我熱愛指導柔術，因為**它會揭露出一個人真正的個性**。踏上柔術墊時，人們統一穿著白色道服，腰上都繫著腰帶。**一旦開始交戰，他們就不可能掩飾自己的緊張與恐懼**。有時候，一個看起來軟弱的小傢伙，其實才是真正的戰士，因為不論勝敗他都能保持堅韌與勇敢。相對來說，懦夫在占優勢時不會有問題，可是一旦陷入不利的情況，他就會優先高呼：「停手！我受傷了！停手！我累了！停手！我年紀大了！」就算是攻擊性強的懦夫，你還是能輕易看穿他們的心。

我試著讓學員們了解，他們不只要審視自己的打鬥技巧，也要觀察自己在戰鬥時有什麼感受。如果他們誠實的做完這件事，我就能幫助他們自我重塑，成為一個更強悍的人。但唯有在他們自豪的面對短處，並且完成自己的功課之後，成長才會發生。不過，有意願到我的武館訓練且持續回來的學生，通常都能完成這些功課。

柔術中的無形層面，例如觸感、重量、氣勢與跟對手的肢體連結，都很難教授。它們不是理性的知識，無法靠著單上一堂課或讀一本書來學習，只能藉由上千小時的訓練來領悟，而我在美國的一些學員，非常快速的學會這些無形層面。

然而在皮可武館，也並非全都是讓人開心的事。每個武館都需要一位明確的領袖作為學員的參考標準，因為**柔術武館就像是一個馬戲團，會反映出團長的性格**。每個武館都會有老虎、獅子、熊、蛇、狗、貓……甚至是蜥蜴。在團長馴服獅子之後，他得防止獅子吃掉狗，接著是防止狗吃掉貓、貓吃掉蜥蜴，以此類推。因為我的領導方式是以身作則，若有難對付的傢伙走進我的門，我就得好好處理。如果我沒有在第一天就馴服這些怪獸，他們就會回到我的武館，像大啖生肉般欺負那些白帶。

每當有嚇人的傢伙來到皮可武館——例如體重一百一十公斤，身兼希羅式角力手的綜合格鬥戰士斯特凡諾斯・米沙卡其斯（Stefanos Miltsakakis）——我就會直接上場處理他們。米沙卡其斯不僅曾經是希臘國家角力隊的成員、練過踢拳道，他本身也是非常優秀的格鬥家。有天我們的共同朋友帶他過來武館，他禮貌的詢問是否能跟我對練。對我來說，「一起對練」的意思從友善的擒拿交流到全力以赴的打鬥都有可能。當這位希臘巨漢走出更衣室，身上只穿一條泰拳短褲時，我問他想使用哪種規則？我首先提議無限制格鬥，他嚇了一跳，並說：「我只是想練一下擒拿。」在那段日子，我總會讓初次蒞臨的訪客知道，無論他們想怎樣，我都願意奉陪。

我們先是站著交戰，雙方拉扯了將近十分鐘。當我們終於進入地面戰時，米沙卡其斯用膝蓋壓在我的臉上，這顯示出他了解在打鬥中讓人陷入不安狀態的重要性。然而我知道他無法維持這個進攻節奏，在他開始疲憊之後，我控制住他的背部，並以勒頸逼他投降。在為時二十五分鐘的辛苦纏鬥中，我讓他認輸了五、六次。後來他震驚又沮喪的說：「從來沒有人能讓我這樣投降！」接著詢問是否能當我的學員。我很高興米沙卡其斯加入皮可武館，他既是學員，也能充當哨兵。他不只提升了表現水準，也會在必要時捍衛武館的榮譽。

我沒辦法隨時待在武館，需要站在前線的士兵幫忙，在我離開時管控事務。此外，在面對正式或非正式的格雷西挑戰時，門下那些比較強悍的學員必須保護弱者。舉例來說，有個沒人認識、體格壯碩的踢拳手，某天參加了我們的晨間課程。在一次簡單的摔

「柔術武館就像馬戲團，團長必須馴服獅子、不讓貓吃掉蜥蜴！」
彼得・馬吉爾、荷克森、希克森攝於皮可武館。
照片出自：希克森的收藏

技練習當中，他用膝蓋壓在身材只有他一半大的白帶學員臉上，壓斷了對方的鼻子。這個舉動不僅沒有必要，所有人也明顯看出這不是意外。

檸檬要那名學員去洗手間止血，接著用葡語對幾名巴西籍學員說話，讓他們把以下這段簡明扼要的訊息，翻譯給其他美國籍同學：「我們不希望讓這個混帳待在這裡。他霸凌了白帶級別的同學，行為太過分，現在他得付出代價。」接下來的四十分鐘，那名踢拳手不斷被拋摔、制伏與拉扯四肢。後來他再也沒有回到皮可武館。

同樣重要的是，這能讓學員們看見並明白「沒有人能置身事外」，連我希克森也不例外。凡是我自己沒有準備好去做的事情，我從來不會要求學員。但如果你踏上我的柔術墊，我會以鞭策自己的方式來教導你。

## 你在面臨恐懼時會怎麼行動？

有時我會故意讓學員措手不及。我喜歡在衝浪之後出席晨間課程，時間正好是辛苦的對抗練習開始之前。就算是檸檬，看見我突然走進門他也會身體僵硬。**我喜歡讓大家陷入難以忍受的處境，這會迫使他們面對在打鬥中經常出現的恐懼，並指導他們如何應**

對。身為格雷西族人，我們接受的教誨是，**緊張或害怕並不可恥，重要的是你在面臨恐懼時會怎麼行動**。越清楚學員的強處與弱點，我能傳授的內容就越多。與其在街上體驗這些艱難的教訓（甚至有時令人羞愧），不如在關起門的課程中跟朋友一起學習。

有時我會請學員靠牆排成一列，然後親自和在場所有人對練擒拿。其他日子我則會請一位專業拳手戴上拳套，然後要學員試著在不被打中的情況下摔倒他。這種訓練可以教導學員，哪些距離範圍內是危險的，哪些則是安全的。這也是必要的練習，它能讓學員了解，在貼地姿勢與站立姿勢跟人打鬥時各有什麼優缺點，以及該如何縮短距離，使打鬥能安全的進到地面戰。畢竟如果無法摔倒對手，你就無法打地面戰。

內部的突發對抗賽則是另一項我最愛的活動。這種比賽沒有獎盃、觀眾、積分或傳統比賽的時間限制，由同儕間的共識作為唯一裁判。我會吹哨然後說：「所有人靠牆站好。」這時候整個房間會變得非常安靜。當我說：「七十公斤以下，到我的左邊；七十公斤以上，到我的右邊。」現場安靜到一根針落在地面都聽得見。

這些競賽讓我能打破在武術學校中極為常見的派系、小團體與自負心，建立明確且公正的階層，使所有人都知道自己在武館中處於什麼地位。有些人能在非正式的訓練階段贏過所有人，卻在競賽時失常落敗，但也有些人能臨危不亂，甚至讓他們自己也感到驚訝。學員或許能當上一日王者，但伴隨成功而來的，是我對他們更新、更高的期待。

在某次內部對抗賽中，我讓最瘦小的白帶學員跟壯碩的大學水球選手對打。那名白帶生第一次參加跨量級比賽時，他被臂鎖技逮到卻拒絕認輸，導致肘關節脫臼。然而，他隔天還是照常來上課。對打開始後，水球選手把他摔到地面，隨即對他使出三角鎖（triangle choke）。這時我的巴西籍學生一個字也沒說，只用手勢默默引導那名白帶學員遵照指示，對水球選手同樣以三角鎖反擊。

比賽結束後，我從那名學員的表情看出，他比任何人都更驚訝。不過他並沒有把這場勝利當成僥倖，這反而讓他充滿了信心。他的表現快速提升，而他新建立的自信，也滲透到生活中的其他層面。要不了多久，他就達成了那些他原以為自己永遠不可能實現的職涯目標。

儘管有些人的體格就是天生的運動員，有些人則擁有永不放棄的精神，而後者這種無法傳授的態度，常常能讓你在柔術以及人生中發展得更好。對我來說，學員是輕鬆獲勝或慘敗都不重要，我從來不在意是誰贏了。**我試著讓輸者跟贏家一樣受到鼓勵**。如果學員獲勝，我會簡單的說：「恭喜你獲勝，不過你可以贏得更聰明也更快速。無論如何，恭喜。」如果他落敗，我給他的指導則是：「恭喜，你原本有可能犯下更嚴重的錯誤，而且你也不像上次那樣陷入驚慌。如果你改善對臂鎖技的防禦，下次你就不會輸給他。」

我尊敬且欽佩每一位學員——只要他願意踏上賽場戰鬥。

卡尼使我明白，任何人都可以是你的老師，尤其是你的學員。我當然可以在柔術方面擊敗他們，但這些年來，我收過傑出音樂家、聰明學者當徒弟，他們全都教會了我許多新事物。如果自認完美無缺，那我有很多東西就學不到了。

## 在美國，闖紅燈有代價

我在很小的時候就了解與各種社會階層互動的價值；我總是會對那些在某個領域表現出眾的人感到好奇。無論是釣魚、騎牛、繪畫、歌唱或藝術……我向來欽佩以各種型式展現出來的能力。我從不會感到嫉妒或羨慕，事實上，有時我會希望自己能花更多時間學習其他事情。

當我與金初次來到美國時，我們拚盡全力只求能勉強過活。雖然柔術墊上的日子一如往常，但離開柔術墊的生活則辛苦得多，因為美國跟巴西之間的差異很大。雖然兩地都曾經是殖民地，但歐洲人前來巴西，起初是為了把船裝滿黃金與翡翠，跟棕膚色的美女做愛，然後返航回家。相對來說，美國具有充滿理想的憲法，並發展成更有秩序的社會——名副其實的守秩序。

這裡的人們會做出以前我從來沒見過的行為：他們會排隊等待，遇到交通號誌會停下來，而且在大多數情況下都會遵守法律。對運轉順利的社會來說，這些舉動顯然是必備條件；但對我來說，這簡直是奇異的新世界！在我適應美國社會的生活方式前，確實經歷了很多艱苦過程。

在我買了第一輛車後，我才第一次意識到美國的生活有多麼不同。起初我就像還在里約那樣開車——闖紅燈；獨自駕車仍開上高乘載車道；隨時隨地迴轉；如果遇上塞車，我就開上路肩呼嘯而過。我自認為不是蠢蛋，深信自己能夠智取所有人。但我很快學到，現實社會不是這樣運作的。

有天我跟幾位朋友去衝浪，因為沒有合適的置物架，於是便用繩子把四塊衝浪板綁在車頂。車子開上高速公路時，天氣突然風雨交加，突然間我們聽見一個奇怪的聲音，結果是我們的衝浪板被吹落車頂，砸進後方車輛的擋風玻璃。

我們停下車子撿衝浪板。被砸中的駕駛非常生氣，居然跨越車道並倒車開向我們！原來他是非值勤時間的加州高速公路巡警，下車後便質問是誰開的車。我告訴他我是駕駛，並拿出證件。我說保險公司會負擔修車的費用，幾乎已經成功安撫他，但這時候我的巴西籍朋友兼學員「郊狼」（Coyote）走了過來。郊狼留著雷鬼頭，身上有許多刺青，他把手放在巡警的肩膀上並說：「嘿，警官，沒事啦。」

那名巡警往後一跳，大聲說道：「拿開你的手！」雖然那起事件驚險落幕，沒有人因此遭到逮捕或槍擊，但之後我還是不斷收到罰單，沒多久就被吊銷駕照。你問我學到了什麼教訓？我發現，在洛杉磯，沒辦法用里約的方式「解決」問題。

在巴西，有很多方法可以處理問題；但是在美國，只要違法多半都會被追究。美國大多數人都遵守規範，因為法律本身訂得嚴格，沒有太多轉圜空間。如果一個美國人在十八歲因為偷腳踏車被逮捕，他的人生可能就此被這個愚蠢的決定限制住。而在巴西，二十一歲以前的行為多半不會被記錄下來。因為巴西人不能依靠法律保障，所以我們學會隨機應變，必須在正確的時間打出合適的牌。以撲克來比喻，巴西的牌組比美國多了好幾張鬼牌與百搭牌。

排隊也是另一個全新體驗。在過往的人生中，我從來沒有排過隊；在巴西，你得自己想辦法擠到前面，人人都那樣做。然而美國並非如此。有天我去藥房買東西，店主正在跟一名老婦人說話。我試著插嘴短暫問個問題，但我剛開口說：「不好意思，請問哪邊有……」店主就嚴厲的盯著我，然後打斷我的話：「先生，不好意思，你得等我一下。我跟這位女士談完之後就會立刻幫你。」他說完之後便繼續跟那名婦人討論染髮劑的問題。輪到我的時候，店主全神貫注的招呼我，回答了所有的問題。日後我也逐漸開始看出遵守這些禮節的價值——需要做出調整是我，不是其他人。

對我的女兒凱安與凱琳來說，美國也是一個更好的地方，因為她們可以成為自己想當的任何人。在格雷西家族裡，女孩受到的關注永遠比不上男孩，也不會像我們這樣被鼓勵追逐夢想。如果照我父親的意思來做，所有女孩都會結婚生子，沒有其他出路。我希望我的女兒能有更寬廣的未來；金也是如此，她是非常活躍、進步的女性。我們都希望女兒能有成就，無論她們選擇走上哪種道路。

在教導孩子時，即使是相同的課程，我也常常必須使用完全不同的策略，因為他們的個性差異很大。沒錯，我是他們的朋友，但我更是他們的父親。要當一個好父親，我得設下限制，引導他們成長，並且以耐心與感性跟他們建立連結。

有一次我為孩子買了他們最喜歡的巴西瓜拿納[2]汽水，荷克森把他的那瓶藏在冰箱

2 編按：Guarana，又名巴西香可可，果實含有大量咖啡因。

深處，打算晚餐之後再喝。凱琳看見他藏起來，於是就去廚房喝掉他的那瓶，接著把瓶蓋鎖回空瓶再放回冰箱。晚餐後荷克森去拿汽水，發現只剩下空瓶，於是過來跟我說：「凱琳喝掉了我的汽水。」凱琳只是坐在一旁，擺出無辜的模樣，彷彿她不知道荷克森在說什麼。所以我轉頭對凱琳說：「別對爸爸撒謊，現在就說實話。對妳來說，說實話會比撒謊來得好。」

「好吧，是我做的。」她坦白純粹是因為我問了她。如果是荷克森問她，她會否認並吼回去，有必要的話還會跟他打架。比起嚴厲的懲罰，我更想教導他們誠實；比起責罵，我更喜歡坦率的對話。

荷克森或許是最難適應搬家的人。短短幾個月內，他就從里約王子，變成一個有著西裔外貌、不會說英語、在加州公立學校就讀的瘦孩子。他的體格比大多數美國小孩瘦小，也使得他缺乏安全感。上再多生活英語課程（ESL class）[3]也沒辦法改善這件事。有天早上他走出房間去上學時，在上衣底下塞了美式足球用的護肩，而且堅持要這樣穿去學校。我當然不准，而我也明確看出讓他感到痛苦的根源。

為了當上領袖，荷克森試著讓自己更積極——不過卻有點過頭，變得非常魯莽。他不惜一切想證明自己的能耐。他會接受每項挑戰，也會跟任何人打鬥。當我送他去托倫斯的小學就讀時，他想跟那裡所有的孩子幹架。每個月我都至少會接到一次校長打來的電話，大聲對我說：「荷克森今天跟六個孩子打架！他不知道籃球的規則，還霸住球不給其他孩子。」另一次，荷克森帶著一整個背包的糖果回家，然後對我胡扯他怎麼「找到」這些糖果的故事，但我知道是他偷來的。即使祭出處罰，也不太能矯正他的行為。有生以來我都是一名鬥士，所以我了解有時得讓自己冒一些風險，但荷克森冒風險的方式既不理智也不聰明。

這種性格向來都是他的一部分。在荷克森很小的時候，他曾經對妹妹說：「我要不變有錢，要不進監獄，要不死掉。」你能想像一個小孩說出這種話嗎？他就像是一個招惹麻煩的磁鐵，他原本可以輕易避開那些麻煩的。這樣的失衡讓我很擔心，因為這會使得荷克森遠離舒適區，不斷處在緊張狀態。這不是另一名雄心勃勃的格雷西族人，而是心理失衡的孩子。

當金試圖管教他時，他會變得更加叛逆且起身反抗。這個狀況導致我跟金起了不少

3 譯按：生活英語（English as a Second Language, ESL）直譯為「以英文為第二語言」，通常是給母語不是英文的學生，目標是把英文視為第二種溝通工具使用，同時把它當作學習媒介，用英文去學習其他知識與技能。

爭執，她不希望自己的孩子成為格雷西家族那些以打架謀生的人。她曾希望搬到美國之後，能讓孩子走上不同的道路，但對荷克森來說太遲了：他已經賦予了自己使命，要成為他的世代中最偉大的格雷西族人——他確實魯莽，但他永遠是個鬥士。

## 第一屆UFC……人類版鬥雞

一九九二年，我的武館蓬勃發展，學員進展顯著；摔角手學起柔術比任何人都快，而他們前仆後繼的過來求教。他們很不習慣背貼地的格鬥，但他們了解地面戰，也很辛勤訓練。當我前往猶他州為老朋友佩德羅．紹埃爾的武館舉辦研討會時，有人介紹奧運角力金牌得主馬克．舒爾茨（Mark Schultz）給我認識，當時他正好在猶他州當教練。

舒爾茨為人親切友善，令我更欽佩的是，他甚至想要跟我對練——身為美國最偉大的角力選手，竟然還想跟我在地上翻滾？純粹從他具有足夠開闊的心胸，讓自己冒險面對一項新武術，我就能看出他的勇敢無畏。

禮貌性的交流結束之後，我問舒爾茨是否想試試無限制格鬥，但他回答自己只想打擒拿賽。雙方一開始對打，我就知道自己不可能成功絆摔他，所以我率先引誘他來突破我的防守姿勢，並用雙腿對他使出三角鎖。我心想，結束得還真是快！舒爾茨拍地認輸時非常生氣，因為他沒發現我要使出這招，而且到現在也還不明白我是怎麼做到的。被一個背貼地的傢伙以雙腿勒住頸部，在當時來說足以使角力手大開眼界。

舒爾茨真心想學習這門武術，他在我們的第二場比賽中謹慎得多。他保持在上位，我則讓他使出各種招式，最終他以搖籃式固定（cradle hold）逮到我並壓迫我的脖子。這個狀態不太舒服，但我知道角力選手無法長時間維持這種爆發性的攻勢，因為他們的比賽時間通常只有五分鐘。他還不知道怎麼施展降伏技，而我永遠不會因為區區受到壓迫就投降。我花了將近十分鐘來消耗他的精力，一旦他開始疲憊，我就控制住他的背，接著以勒頸逼他投降。

身為兩屆世界錦標賽冠軍暨奧運金牌得主，舒爾茨不太習慣落敗的滋味。他非常懊惱，比第一次輸掉時更嚴重。我告訴他，他是一位偉大的冠軍，如果我們比的是角力結果將會不一樣；因為屆時比賽不是使用我的規則，而是用他的。他點頭並說自己了解。最終，舒爾茨愛上了柔術，跟佩德羅一起訓練並取得黑帶，參加了UFC，成為傑出的格雷西武術代表選手。舒爾茨為人誠實又謙遜，我永遠尊敬他。

一九九三年初，荷里昂的夢想——把無限制格鬥賽引進美國，藉此彰顯柔術的優點

——即將成真。他要求我和他的學員好萊塢導演約翰．米利厄斯（John Milius）見面，並說他們已經找到人來贊助舉辦ＵＦＣ，這是美國首度出現的無限制格鬥賽事。我終於有機會在美國參加職業格鬥並闖出名聲！這是我搬來美國時的夢想，如今也成為現實。

當荷里昂告訴我，他想讓我們的弟弟荷伊斯在這個首度舉辦的賽事出戰，並要我作為後備選手以防荷伊斯落敗時，我心裡很失望。雖然這個決定看似合理，但其中還有別的原因。在舉辦第一屆ＵＦＣ期間，我跟荷里昂處得不好，所以他不想把我捧成明星，免得掩蓋了他的光芒。

荷伊斯的性格很隨和，從來沒有贏過重大柔術比賽，更別說無限制格鬥賽了。不過他是最容易管控的格雷西成員，而且荷里昂跟荷伊斯之間的關係，有一段時間幾乎像是父子，就像我父親跟卡洛斯伯父那樣。

儘管如此，我還是很愛荷伊斯，希望他能好好表現。我同意為他的第一項格鬥賽事訓練，如果他奪冠，再從五萬美元的獎金之中稍微抽成。一九九三年夏季，我跟荷伊斯會在皮可武館碰面。由於他打不贏我，所以我可以把他逼到極限，接著再突破極限。當我發現他已經撐不住時，我會親吻他的臉頰，拍拍他的頭，然後宣布今天到此為止。

隨著第一屆ＵＦＣ開賽日期逐漸接近，我有信心，如果荷伊斯能堅持格雷西式的作戰計畫，避免站立出拳並把對手帶入地面，他就一定能獲勝。比賽前一週，我開始協助他做好出戰的心智準備。我告訴荷伊斯：**獲勝也好，落敗也罷；就算喪命，他也應該要為了能在美國代表家族出戰而高興**。

第一屆UFC在一九九三年十一月舉辦，地點位於丹佛的麥克尼科爾斯體育館（McNichols Sports Arena），賽事採單淘汰制。規則比起今日的綜合格鬥更接近無限制格鬥，參賽者不戴拳套，不依體重分級，比賽不分回合也沒有時限。

我不太喜歡荷里昂的合作夥伴以「人類版鬥雞」的概念來宣傳這場賽事。他們推出的電視廣告與文宣，全都聲稱「沒有規則限制」，但這種說法過於聳動，並非完全正確。空手格鬥確實血腥，但它對腦部造成的傷害，根本比不上拳擊或現代的綜合格鬥。拳擊手與當今的綜合格鬥戰士之所以會承受更嚴重的腦部損傷，是因為他們戴拳套並使用手綁帶。如果沒有那些東西，在不斷毆打對手頭部的過程中，鬥士的雙手就有可能骨折，因此減少了反覆遭受打擊的可能性。

我跟父親、瑞爾森、荷伊勒，以及包含格雷西族人、學員與朋友的一個大團隊，前往科羅拉多州為荷伊斯的第一項格鬥賽事加油。抵達之後，我把荷伊斯帶到一邊，告訴他我不希望在賽事結束前看到他嘻嘻哈哈或開玩笑。我向他解釋，他需要保持鎮靜與專注，因為一旦走進八角籠，他就只剩下自己了。

## 比賽開始，辛苦的部分已經結束

在比賽前一天的規則討論會議之前，荷伊斯都能妥善控制住緊張的情緒。參賽的八名鬥士中，八十公斤重的荷伊斯是體格最小，格鬥經驗也最少的選手。其他七人都是超過八十公斤、身高一百八十公分以上的壯漢；薩摩亞裔的相撲力士泰拉．圖利（Teila Tuli）甚至重達一百九十公斤。

一如之前的說明，第一屆UFC標榜是沒有規則限制的比賽，不過實際上有三項規則：不能咬人、不能挖眼、不能打下體。

舉行規則討論會議時，鬥士們開始不斷爭執。一名壯碩的踢拳手希望能允許攻擊下體，並持續跟荷里昂互相爭吵，指控他為了讓荷伊斯獲勝而操縱賽事，場面也變得火爆，各鬥士及所屬陣營紛紛站起來叫罵。

緊張局勢持續升溫，直到相撲力士圖利開口說：「我剛才已經簽好了合約。我不知道你們是怎麼想的，但我來這裡是為了好好玩一玩的。如果還有人想來一起切磋交流，我們明晚體育館見。」接著這位薩摩亞裔大漢把簽完名的文件放在桌上，走出門外。最後荷里昂順利弭平爭端，不過荷伊斯首次參加的格鬥賽在不到二十四小時之後就要舉行，賽前發生這種事著實無助於舒緩他的緊張情緒。

比賽當天晚上，在我們走進體育館後，我可以感覺到荷伊斯越來越緊張。荷里昂的恐懼也顯而易見，因為他花費多年時間，才籌辦出能夠展示格雷西柔術的賽事，但如今他得面對自己選擇由荷伊斯出賽的決定——畢竟他不是家族中最強的戰士。

我走向荷伊斯，默默抱住他，希望能讓他鎮定下來。我對他說，我很清楚他現在的感覺，因為我在跟祖魯王打第一場格鬥賽時，也有同樣的感受。我對他說：「你會表現得很好。你已經做好了準備，而且在你上陣的每一秒，我都會在這裡陪你。現在，深呼吸。調整狀態準備上場，事情很快就會結束。荷伊斯，辛苦的部分已經結束了。跟這些傢伙打，都不會比跟我訓練更辛苦。」這句話一點也沒錯。雖然荷伊斯不知道，但我對他做的訓練，正是勞斯當年在巴西利亞對我所做的。

我們在更衣室聽見了嗜血觀眾的嘶吼聲，後來才得知那是因為薩摩亞裔的相撲力士被踢斷了牙齒。幾分鐘後，一名UFC的賽務人員探頭進門，要我們準備前往擂臺。荷伊斯站起身，表情緊張但充滿決心。在進入這場無比重要，對抗拳擊手亞特・吉默森

（Art Jimmerson）的比賽前，我已經讓他的心穩定下來。荷伊勒、瑞爾森跟我領著荷伊斯走向擂臺，當我們即將抵達時，父親從人群中衝出來，跑到我旁邊並對著我的耳朵吼出指示——一日是將軍，終生是將軍。

在未受一擊就打敗吉默森後，下一場比賽面對的則是最大勁敵肯．沙姆洛克（Ken Shamrock）；然而荷伊斯也在一分鐘內讓對方投降，並因此重振信心。決賽時，荷伊斯對抗身材高壯、眼神冷酷的荷蘭踢拳手傑拉德．戈爾多（Gerard Gordeau），並繼續使用相同的勝利方程式。當荷伊斯把對手拉到地面，準備使出絞技時，戈爾多突然咬住荷伊斯的耳朵。在荷伊斯脫身之後，他仍找到機會勒住戈爾多，即使對方拍地認輸，他還是死抓著不放，直到裁判過來將他們分開。

## 山中沒了老虎，猴子開始稱王

UFC讓荷伊斯釋放出凶暴的姿態。雖然平常隨和且不愛出風頭，但他在必要時召喚出了深藏體內的力量，我為他能回應這項挑戰而感到驕傲。有許多人會批評第一屆UFC，說它其實是一場推廣格雷西柔術的廣告。但請明白，為了在這個首度舉辦的賽事奪冠，荷伊斯在一個晚上擊敗了三名體型比他大得多的對手。對任何鬥士來說，這都不是一件輕鬆簡單的任務。

在荷伊斯以總格鬥時間不到五分鐘的狀態奪冠之後，美國人大為震驚，並且對格雷西柔術的威力與效率感到驚奇。一夜之間，荷伊斯便成為武術界的風雲人物，格雷西柔術的知名度也出現爆發性成長。

荷里昂認為格雷西族人很難管理，但美國很快會有許多格雷西家族以外的人士湧入，並表現出我們這項武術中好、壞與醜陋的一面。

一九九〇年代，那些飛來美國的巴西人，很多都學會了魔術：有些人的腰帶神奇的從藍變棕，厲害一點甚至是從紫變黑。山中沒了老虎，猴子便開始稱王。

第7章

# 鬥士・武士・道

UFC主辦方將第一屆賽事比喻成人類版鬥雞，於是吸引到一批職業摔角的觀眾，但這些人完全不清楚什麼是真正的格鬥。舉例來說，在第一屆UFC舉辦期間，每當格鬥進入到地面戰，觀眾就會發出噓聲，因為他們不了解眼前是怎麼回事，他們想看到的風格是酒吧鬥毆。然而，UFC不去教育與改善觀眾認知，反而隨意制定規則，把格鬥切成短時間的回合，並要求平常採取背貼地作戰方式的鬥士起身格鬥。

在現代綜合格鬥的粉絲中，有百分之九十八從未踏進八角籠，甚至沒有站上練習墊的經驗，更不用說體驗過鼻子或肌腱斷裂。他們不了解暴力，對他們來說綜合格鬥只是另一個在電視上的娛樂節目。或許這就是為什麼UFC的八角籠，如今被視為羅馬競技場——血腥、凶殘又火爆。

儘管如此，第二屆UFC結束後發生了一件趣事。在我跟荷伊斯一起出席他的賽後訪問時，他在媒體面前向我致謝，並說我比他厲害十倍。突然間，大家都開始對我感興趣了——尤其是日本人。

基於日本的武術歷史與文化，我一直想在那裡參加格鬥賽。日本人跟美國人不同，他們了解格鬥。早期綜合格鬥鬥士艾瑞克・保羅森（Erik Paulson）是我的學員，他引薦我認識引退的職業摔角手中村賴永。中村在修斗會任職（Shooto Association），是日本最早成立的綜合格鬥組織之一。遠在UFC舉辦前，修斗協會便有著戴拳套、分回合、以體重分級的比賽制度，並培養出一批有品味的觀眾。UFC的美國觀眾，是在觀賞成龍電影與職業摔角比賽的環境中長大，這些日本觀眾則不同，當他們看到格鬥進入地面戰時，會像網球觀眾那樣輕聲發出「噢」或「哇」的讚嘆。天底下找不到比日本更敬重鬥士的地方。

日本的主辦方邀請我參加一項賽事，但他們只願意給我三千美元，我感覺不被尊重所以拒絕了。接著我的妻子金加入協商，她跟對方說，如果想要我參賽，就要使用無限制格鬥的規則，而且必須付我更多酬勞。最終金的耐心與堅持獲得回報，她讓主辦方同意付我五萬美元出賽，如果我奪冠就再付五萬美元。在當時來說，這是一大筆錢。未來我在每次獲勝之後，就會加倍價碼。有了金充當經紀人，我就可以完全專心在準備首次的日本無限制格鬥賽。

當我告訴荷里昂自己打算去日本打格鬥賽時，他不只強烈反對，還說服父親說我不該在日本出戰。金跟我父親在大多數時間都處得不錯，因為艾里奧喜愛我們的孩子，也敬重金為人母的角色。但一提到事業以及我由她管理的職涯時，父親就開始把金視為敵人，因為他想要我接受荷里昂的領導。金不信任我哥，在她開始擔任我的經紀人之後，就讓我慢慢脫離荷里昂的控制。

我們的獨立與成功冒犯到了父親，正如一九六〇年代他不滿卡爾森自行開設武館那樣。在艾里奧心中，如果我們要成功，就得在他的照管之下。然而，荷里昂的計畫已經崩解，因為有越來越多的巴西人來到美國，加入綜合格鬥賽或開設柔術武館。真是諷刺，荷里昂的成功現在害到了他自己。

## 戰士是一種人生準則

我父親住在巴西，對美國的情勢發展完全脫節，他完全不明白如今美國的柔術界有多混亂。當我請求他來日本協助我訓練時，他拒絕了。這讓我很傷心，但我仍然得完成任務。我現在感覺自己像個浪人（無主的武士），但我沒打算切腹，也拒絕變成為了重金打假賽的傭兵。如今我的意志比以往更堅定，決心要向全世界證明我是最偉大的格雷西族人。

當我問荷伊斯是否願意來日本當我的助手，就像我在前兩屆UFC為他所做的那樣時，他回答他想幫我，但荷里昂不會同意。我告訴荷伊斯我能理解，但我沒辦法再訓練他了，因為我得為自己後續在日本的格鬥做準備。

荷里昂下令格雷西族人都不准去日本幫我。到最後，在我的兄弟之中，只有荷伊勒弟弟抵抗了這項命令。他對荷里昂說：「你是我兄弟，我愛你，也會永遠在這裡支持荷伊斯。但你不能阻止我去幫助希克森，他也是我的兄弟。他為我付出了許多，我不會在這個當下棄他於不顧。」我很感激荷伊勒願意加入我的訓練營並擔任助手。在未來幾年，他也成為我最重要的支持者之一。

在我前往日本打第一場格鬥賽的一個月前，荷伊斯在少了我協助的情況下出戰第三屆UFC。我在電視上觀看這項賽事，當我看到荷伊斯的對手基莫・萊奧波多（Kimo Leopoldo）走向擂臺時——他壯碩身材因為打了類固醇而脹大，並背著一個電線桿大小的木製十字架進場——我立刻明白這會是一場苦戰。

萊奧波多輕鬆防禦住荷伊斯想帶入地面戰的攻勢，且回敬了幾拳。荷伊斯後來成功把萊奧波多拖到地面，卻被對方控制住背部並吃了幾拳。承受了更多記重擊之後，荷伊斯才控制住對方的頭部，使出臂鎖技。雖然荷伊斯打贏了比賽，但他得被抬著下擂臺，也無法出賽下一場比賽。不消說，第三屆UFC的贏家不是格雷西族人。

UFC讓像是萊奧波多與坦克・阿博特（Tank Abbott）這樣的「反派」角色，跟荷伊斯與肯・沙姆洛克這種「英雄」角色對抗，使它變得越來越像職業摔角——一個推出英雄與惡棍的舞臺。

日本是武士與武士道的發源地，我只在這裡打職業格鬥並非巧合。一如歐洲騎士及其騎士精神觀念，武士道規範著日本武士的行為。對武士來說，**身為戰士並不只是一項職業，同時是一種人生準則**。武士道的宗旨雖然隨著時代演進略有變化，但都能大致描述成正直、英勇、慈悲、尊重、誠實、守譽與忠誠。

我透過實際戰鬥向學員證實我的教導無誤，並實踐對柔術的信念。我必須讓自身暴露於危險中，不惜犧牲一切，就像我在武館時對學員們的要求那樣。當然，這代表肩上會有巨大重擔。我會盡全力求勝，但並不會過度為此擔憂，否則可能會影響自己的打鬥風格。

**比起戰鬥中的暴力和肉體折磨，更可怕的是為職業比賽訓練時陷入的孤寂地獄**。我始終明白自己才是跳過最上方的圍繩、進入擂臺的人。如果太依賴其他人的聲援或教練指導，就沒辦法完全整合自己的身心靈，因而無法發揮全力。

在持續數月的賽前苦練中，隨著比賽日期越接近，我就越深入探索自身。即使都在皮可武館內訓練，但我的項目多半是殘酷的心肺運動與重量訓練，其中一部分是從卡尼那裡學來的東西，不過多數都只是傳統的苦功。比起所有的訓練對手，我更害怕穆古點（Point Mugu）附近的沙丘。我會在那些沙丘跑上跑下，反覆不斷。唯一的夥伴只有我的車子。

還在巴西時，面對任何打鬥或重要賽事之前，我都會投入大自然的懷抱。後來停留於日本的時期，這項儀式也變得格外重要。當時中村賴永提議，讓我使用他們家族位於長野近郊輕井澤的山間小屋，作為我在日本公開賽（Japan Open）[1]舉辦前的訓練營，我欣然接受。隨著苦練階段結束，我也想在開賽前幾週先前往日本，除了調整時差、在稀薄的山間空氣中訓練外，最重要的是讓我跟武士精神同調。沒有比輕井澤更適合做這件事的地方了。

當我在加州訓練時，身邊有許多訓練對手跟其他人幫忙。不過抵達日本之後，我身邊的團隊成員縮減許多，通常只有荷伊勒、荷克森與金。對於待在身邊的人，我非常挑剔。當時我的身體就像是上好油的機器，而且經不起受傷的風險。我在情緒與心靈層面

1 譯按：該賽事正式名稱直譯為無限制格鬥日本大賽（ヴァーリ・トゥード・ジャパン，Vale Tudo Japan）。

的準備也同等重要。

我每天都會跟荷伊勒、荷克森一起健身並好好用餐，然後獨自進入樹林，在心靈上為赴戰場做好準備。我通常會帶著雕刻工具，從樹枝上剝下樹皮，然後把它刮得乾淨又光滑。我喜歡做那些需要全神貫注的事。像是用小刀切下一截竹子這樣簡單的小事，它能讓我把心靈聚焦於刀鋒，並找出一種節奏。當我雕完這根木條時，我會把它加入木堆裡，直到離開訓練營的那一天再燒掉。

每週也會浮潛好幾次，讓身體完全浸入一條凍結的溪流。首先感覺到的是刺骨的寒冷，接著是強烈疼痛與焦慮，但我會一直忍受到自己即將屈服並喪命的境界。**如果能有效控制自己的呼吸，就能越過那個境界，屆時便不再感覺到寒冷，痛苦也轉變成愉悅。**為了進入如此寒冷的水底，我必須在心靈與肉體上自我控制。當我浮出水面、開始呼吸時，儘管氣溫極低，但我仍渾身發暖，甚至沒有起雞皮疙瘩。

待在山中的最後一天，我點燃了停留期間蒐集的大批木料與樹葉。火焰快速向上竄燒，直到整堆柴薪被烈火吞噬。我沒有繼續添柴加火，只是一直盯著火焰，感謝能有這個機會來到日本展現柔術。在火焰昇起至燃盡的三十分鐘內，我看見自己整個人生的跑馬燈在眼前播放。火焰熄滅時，我已經做完祈禱，擺脫所有疑慮或悔恨，並且接受生死循環。我感覺自己已準備好殺戮，或是被殺；也知道自己充滿自信，可以從扭打中順勢轉移到拋摔、絞技或情勢所需的任何招式。我知道自己能克服所有障礙，在第一個機會出現時立刻抓住。

這個儀式是我最後且最重要的神聖冥想，它也是讓我進一步遠離周圍，探索自身本源的過程之一。**我擁抱孤寂，因為它會賦予在戰鬥中所需要的力量。**我心智中理性的那一面將會關閉，直到比賽結束。

## 今天是赴死的良辰吉日

日本人起初對我非常好奇，但也抱持著懷疑的態度，因為他們相信祖國的職業摔角手天下無敵。當我走進在東京舉辦的記者會時，一名日本記者問我：「你跑去哪裡了？有些人擔心你可能會錯過這項格鬥賽。」我告訴他，自己在長野附近的山區修練，他一臉不解。接著我又說，我想要待在安靜的地方，讓身心聚焦在這場賽事，並且跟武士精神相連結，他的表情變得更加困惑了。另一名記者則問我在格鬥時會使用什麼戰術，我說我沒辦法回答，因為我會利用對手當下顯露的弱點，把握住他送給我的任何機會。我

在重大比賽前，希克森會進入大自然，找尋自己身心靈的連結。

照片出自：長尾迪（Susumu Nagao）

無法預測自己的身心會引領我做出何種行動。

日本公開賽跟UFC不同，要求穿戴拳套，每回合二十分鐘。而且這是一項有八名選手的賽事，冠軍必須在一個晚上連勝三場。我得保持開放心態，不能硬要使用某種戰術或計畫，因為我無法得知對手會是誰。當問題出現時，我提出的解方必須出於本能且快速反應。

對我來說，**格鬥是一場莊嚴的典禮，我希望我的家人、朋友與學員能夠在場，見證我所有訓練、所有犧牲與所有苦功的積累**。在日本無限制格鬥開賽的當天早上，我提早來到體育館，在更衣室睡了好一會兒。醒來後，我感謝上帝賜予我生命，且心裡明白今天是赴死的良辰吉日，因為我的人生使命已經完成。我即將在擂臺內代表我的武術與家族；對手必須打暈我或殺死我才能獲勝，因為我絕對不會投降。**對我來說，這不是一種運動，而是我不容侵犯的榮譽**。

離開更衣室前，我為自己築起了一層保護殼，藉此隔絕所有非必要的外界資訊以及他人的情緒。我要擁抱空虛，尋求內心平靜，並且順從命運安排，這樣就沒有任何事能令我驚訝或困擾。在這一刻，唯一重要的事情是跳進擂臺，獨自對抗我的對手。

接著我做了一些例行訓練，首先讓身體熱起來。最後再開始冥想、有意識的呼吸，目標是把心率降到每分鐘六十下。當比賽節奏升溫時，對手會比我更快需要休息，這時我便施展殺招。我在格鬥中所尋找的機會，甚至可以短暫到僅是一次時機不好的吐氣。

不論格鬥或生活，我的作風向來是以智慧取勝。重點在於讓自己處於安穩狀態並掌控心智，引導對手前往我想要他去的地方。如果陷入不穩定的狀態，你就會落敗。我會根據對手掙扎的方式加以利用。我很喜歡狙擊手的座右銘「一發子彈，一次擊殺」；但我的狀況跟狙擊手不同，因為我無法享受距離優勢。相較於用步槍從幾百公尺外擊殺目標，我所做的事情要「親密」得多。

我從來不會設想自己要怎麼擊敗對手，但我始終明白自己能引發那種會**使人驚慌的不適感**。如果我騎上你，你立刻會感覺不舒服；如果你騎上我，我也不會讓你放鬆，因為你得防禦我使出的頸橋（neck bridge，巴西葡語 upa）與肘式逃脫（elbow escape）。我會讓對手忙於回應我的動作，處在不穩定的狀態，並接管比賽的節奏。

在這個有五萬名觀眾蒞臨的體育館內，我第一場比賽的對手是日本柔道家西良典。大多數格鬥比賽中，總有一些時刻會出現機會，你必須辨識出它們並加以把握。而在這場比賽，**我的機會甚至在比賽鐘聲響起前就已經出現**。跳進擂臺之後，我直視西良的雙眼，接著是他的姿勢。我看不到火焰、凶猛與攻擊性。西良看起來心不在焉，彷彿是正在回想某個招式或動作。

鐘聲響起時我走向對手；我並沒有擺出戰鬥姿勢，反而是像在公園散步。我立刻感應到西良的困惑，他不知道我是要過來跟他握手、親吻他還是毆打他。等他搞清楚時，我已經縮短了彼此的距離，他來不及攻擊我，我們便進入纏鬥狀態。最後他頭朝下倒地，我則處在他的上位。而對西村來說，比起現在跌落地面的情勢，更嚴重的是他準備的戰術已完全失效，他不知道該如何是好。西村在吃了幾記擊打之後翻過身來，我迅速使出勒頸，這場比賽不到三分鐘就結束了。

第二場比賽的對手是身高一百九十六公分、體重一百二十五公斤的詠春拳手大衛·萊維茨基（David Levicki）。賽前我在門廊看見萊維茨基，便走過去跟他握手致意，他打趣的對我說：「如果你逮到我的手臂，拜託你別折斷它。」我非常驚訝，感覺自己還沒開始比賽就已經獲勝。萊維茨基的教練兼助手是傑拉德·戈爾多，也就是在第一屆UFC咬荷伊斯的荷蘭踢拳手。戈爾多像蛇一般惡毒，但萊維茨基並非如此。

我跟萊維茨基進入擂臺，他看起來膽怯且不願交戰；比起獲勝，這名美國人更在意的是存活下來就好。雖然他有很大的臂展優勢，而我也不是擅長打擊的選手，不過我開始嘗試對他出拳，藉此縮短距離並讓他倒地。我成功扭抱萊維茨基，準備把節奏帶向地面，但我們跌落到擂臺外的水泥地上。落下時萊維茨基在我的上位，而一觸到地面，我就反轉雙方位置，取得上位並不斷攻擊他。

裁判把我們分開，我立刻跳回擂臺。我明白自己有可能因為剛才的跌落而受傷，所以現在想盡快結束比賽。這個壯碩的美國人緩緩起身，似乎不想繼續比賽。當他終於爬進來時，我再度把他拖到地面並騎上他，不過這次我沒有出拳，而是用膝蓋狠狠撞向他的下背。每使出一記頂膝，我就感覺到他的戰鬥意志越來越消散。就算戈爾多大喊著指示，萊維茨基已經茫然失措。我甚至還沒使出絞技，萊維茨基就拍地認輸了。

決賽對手是高大的美國踢拳手巴德．史密斯（Bud Smith）。比賽鐘聲一響起，我就抓住他一記軟弱的前踢，讓他背部著地。在挨了二十拳仍無法反擊之後，史密斯同樣拍地認輸。於是，經過三場短暫的比賽，我在一九九四年的日本公開賽奪冠。我向擂臺四方的觀眾鞠躬，但臉上沒有笑容。**武士不會慶祝勝利，所以我也不會。何必慶祝勝利呢？下一戰就可能是你的最後一戰。戰鬥並不是宴會。無論輸贏，對我來說格鬥都是神聖的。**

當播報員把麥克風伸到我面前時，我先用日語感謝他，然後告訴觀眾，自己很榮幸能在日本——武士與柔術的發源地——取得冠軍。這些日本人完全了解我的態度與榮譽守則。這不僅代表我的家族從日本偉大的戰士那裡學來的武術，回到了它的發源地，我還向他們展示了武士道精神仍流傳在格雷西家族中。

## 「安生先生的臉說明了事情經過」

在不到六分鐘的戰鬥，柔術擊敗了踢拳、功夫，以及最重要的摔角。在第一屆日本公開賽奪冠是我人生中最大的勝利之一；但或許更重要的是，我在那一個夜晚發現自己跟日本建立了深刻連結。即使到了現在，日本人仍然非常敬重我，因為我尊敬並維護他們的戰士傳統。

在無限制格鬥公開賽結束之後，日本粉絲開始對綜合格鬥起了興趣，並思考他們的摔角偶像要如何對抗像我這樣的鬥士。過沒多久，日本摔角雜誌便開始推測哪位摔角手能擊敗我。當我回到洛杉磯時，我得知日本赫赫有名的職業摔角手高田延彥向我提出了挑戰。高田是國際摔角力量聯盟（Union of Wrestling Forces International，ＵＷＦ）的其中一位創始人，而該聯盟是日本廣受喜愛的職業摔角組織之一。

我認為高田是想利用我來做宣傳噱頭，於是我沒有理會，帶著家人去斐濟的塔法盧阿島（Tavarua Island）衝浪兩週。我們冒著巨大風險，選擇脫離荷里昂掌控，如今也圓滿完成，該是慶祝的時刻了。

人們稱塔法盧阿島附近開放海域的浪濤為「破雲」（Cloudbreak），它來勢強勁，形成大浪時更是嚇人。我悽慘的落板跌入水中（wipeout）好幾次，但在旅程結束時，我也衝到了人生中最棒的浪。對我們來說，這段時間充滿歡笑，大家返回洛杉磯時都感覺重拾活力又心情振奮。

返美幾週後，我在日本的代表打電話過來，說高田告訴媒體，我之所以不回應他，是因為我害怕跟他打。我為高田提出的挑戰寫了一份新聞稿，清楚表達我拒絕打假賽，也永遠不會站上職業摔角的擂臺。不過，如果高田想在下一屆日本公開賽跟我打，甚至是在街上對打，我都很期待。

一週後，高田的弟子安生洋二（他是日本職業摔角界的一位反派）在東京舉辦記者會，宣布他要前往洛杉磯和我戰鬥，至死方休。當我聽到安生說出這種話後，我和他說到美國的時候就聯繫我。我不會因為這件事而有壓力。如果安生想打，我們就來打。日本的主辦方與記者總是在創造話題，搧風點火。當時這種戲碼已經是我人生中的常態，我也從來不會因為吠叫的狗而失眠。我知道什麼才是真正的威脅。

# 第7章

## 鬥士．武士．道

「如果是為了榮譽而戰，我會在我自己覺得合適的時候才停手。」

照片出自：布魯斯．韋伯，攝於里約。

一九九四年十二月七日，日本攻擊珍珠港五十三週年的這天早上，我接到檸檬的電話，他當時是皮可武館的首席教練。他告訴我，十二名帶著攝影機的記者、一名職業摔角公司的人，以及一名職業摔角手來到武館要求見我。

我纏上綁帶，沿著太平洋海岸公路行駛。安生洋二可能不清楚自己惹上大麻煩了。如果是為了賞金而戰，我會在對手或裁判要求我停止時不再攻擊。如果雙方是為了榮譽而戰，我會在我自己覺得合適的時候才停手。安生洋二侵犯了我的武館，而且想在我的學員面前冒犯我。我必須拿他殺雞儆猴。

我把車停在皮可武館的車道，看見帶著攝影機的日本記者聚集在門外。我走進門，發現一名西裝筆挺的日本男性，站在穿著花俏洋裝的女性旁邊。我禮貌的歡迎他們並詢問來意。穿西裝的男性是笹崎伸司，他是退役的摔角手，如今是職業摔角的官方人員。笹崎對我露出假笑，說他來邀請我參加他們所屬聯盟的格鬥賽。我回答：「謝謝，但我不打假賽，也永遠不會去職業摔角聯盟格鬥。」

笹崎嚴肅的看著我，然後說：「你說過如果是為了榮譽而戰，你也願意無償格鬥，對吧？」我問笹崎，他是來格鬥還是來談判的？他則說：「我們的鬥士在外面。能讓他進來嗎？」

我叫檸檬與學員們讓那名鬥士進來，但是把所有記者擋在外頭。安生洋二大步跨進我的武館，惡狠狠的瞪著我。門口一陣騷動，但記者抵擋不住我的學員，紛紛被推出去，然後我們關上門阻絕記者。

我甚至不確定，安生是否真的是要過來和我打一場的？我以為如果他能返回日本，然後對媒體說：「我去了希克森的武館挑戰，但他拒絕跟我打。」對他來說就足夠了。不過，我從安生的舉動感覺出來，當時他充滿自信。我遞出一份傷害豁免書要他簽名，他皺起眉頭，對笹崎說了些話。

笹崎問我：「你的意思是，如果他不簽這份同意書，你就不打嗎？」

我再次感覺自己被設局了。如果我說「是」，他們就會返回日本，說我因為害怕而不肯打。我感受到他們的惡意，於是說：「不，別管這份文件了。如果他是過來格鬥的，那就來吧。最後會由贏家保管今天記錄的影像。」

我脫下T恤並踏上柔術墊，下身是就寢時穿的那件灰色運動褲。安生跟著我走到柔術墊中間，雙方擺出架勢。我接連使出踢擊、前衝與勾絆，然後將他摔倒在地。當我騎上安生時，他把食指插進我的嘴裡，使盡全力想戳穿我的臉頰。我不可能冒著喪失優勢姿勢的風險，在這個時候轉頭閃避，所以我接受現實，任憑他的手指撕裂我的臉頰。沒關係，這種小事無法阻止我。

幾記拳擊之後，我擺脫了嘴裡的手指，現在安生得付出代價。起初我只想擊敗他並叫他回國，但在他使出魚鉤（fishhook）[2]後，他把這場衝突加劇到了新的層次。如今，我他媽的只想殺掉他。在我真正開始暴打安生之前，我先慢慢把他拖到柔術墊中間，讓他無法脫逃，接著再有條不紊的在他臉上落下拳雨。安生試圖轉身，或許是希望我會勒住他，但我不可能這麼簡單就放過。我不斷揍他，直到鼻樑斷裂，雙眼腫到睜不開，我才勒昏他，讓他倒臥在柔術墊中間，以及自己的血泊裡。

我走過去打開門，所有記者都聚在門外。媒體湧入皮可武館時，笹崎把安生抬離柔術墊，還想遮住他血跡斑斑的臉龐。攝影師試圖拍下照片，但笹崎跪在安生前面，擋住攝影師的視野。金走向笹崎，要他站起來走開，別遮住安生的臉。當日本記者看見安生血淋淋的腫脹臉龐，以及被痛打的身體後，他們全都倒抽一口氣。

安生只是受到輕微教訓，他運氣好，不必躺在擔架上離開皮可武館。畢竟，當《國家地理頻道》（*National Geographic*）《搏擊科學》（*Fight Science*）裡的科學家，測量我能對寰椎（第一頸椎，連接頭骨與脊椎）造成多大的側向力（lateral force）[3]時，儀器顯示我能產生六百英尺磅力（foot-pound of force）[4]。

像這樣的一場格鬥跟職業比賽非常不同。對於要不要打，我的決定從來不是基於金錢、賽前炒作，或是那個讓我生氣的對象。**我讓個人的榮譽守則替我指引方向**。安生洋二進入我的武館，在我的學員面前冒犯我，因此他受到的懲罰必須讓所有人看到，這樣就沒有人能質疑這場打鬥的結果。我知道日本人會了解我的這種做法。想像一下，如果是我貿然在授課途中走進講道館，穿著休閒鞋踏上神聖的榻榻米地墊，挑戰那些柔道大師——這會是何等荒唐的場景！

幾天後安生洋二回到皮可武館，他帶著花束、一頂武士頭盔與一封道歉函。我覺得他行事得體，認為他已經明白自己錯在哪裡，所以整件事就到此為止。不過大概一週之後，我在日本的代表打電話過來，說安生回國之後告訴所有人，我的學員偷襲並圍毆他。

首先，我發出底下這份新聞稿：

---

2　譯按：以手指攻擊對手的嘴、鼻子或耳朵，令皮膚受到拉扯的動作，都被視為「魚鉤」，在各種綜合格鬥組織的規則中多半屬於違規動作。
3　編按：平行地面的作用力。
4　譯按：英尺磅力為衡量作功和能量的單位，相當於用一磅力產生一英尺的位移所做的有用功和所需的能量傳遞。

十二月七日，一名穿著黑西裝的UWF（即國際摔角力量聯盟）代表及其同僚……在大約早上十一點鐘來到我的武館。他們要求跟我談話。由於UWF代表們展現出挑釁的態度與敵意，我的助理擔心會影響到學員們上課，於是他聯絡我，要我立刻前來武館。當我抵達武館時，我詢問代表們為何造訪……此時，UWF代表們告知我，他們不是過來談生意的，而是來向我約戰。我接受了挑戰……並以為擔當重任的代表會是高田……我不必描述後來那場打鬥，安生先生的臉龐比任何言語更能說明事情經過……我並不想戳破UWF可恥的行為或是安生先生愚蠢的舉動，但我必須說，在這個事件中，安生先生確實認真打鬥過，也像個男子漢一樣的輸掉。即使UWF突然來到我的武館，我也向他們證明，我隨時都準備好為了榮譽而戰。目前在我的近期計畫中，有好幾場格鬥賽協議正在進行。對我來說，這些正規的交流，遠比UWF想創造的任何意外更加有意義。

謝謝。

希克森・格雷西

然後我要我的代表在東京安排一場記者會，展示那場打鬥的影片。在日本媒體看過這支影片之後，大眾們才明白安生說了謊。那是一場公平的打鬥。結果是，我在日本的聲名更加遠播。雖然受到廣大粉絲喜愛，但日本職業摔角界並沒有同感——因為我擊敗了安生，又挑明他們在打假賽。如今只有一個人能挽回職業摔角的名聲：高田延彥。安生的師傅，日本職業摔角的王者。

「我隨時都準備好為了榮譽而戰。」
在與安生對戰結束後，和皮可武館的學員們合影。
照片出自：希克森．格雷西的收藏

第 8 章

# 人生的柔與術

一九九五年初，我正在為第二屆日本公開賽做準備時，接到父親打來的電話；他希望和我與荷里昂見面，討論我參加UFC比賽的事。我在日本的星途蒸蒸日上，荷伊斯在UFC的表現則日漸下滑。即使他在第四屆UFC奪冠，但美國的鬥士們（尤其是摔角手）已經越來越了解他的戰術。一年前荷伊斯能在兩分鐘之內贏下的比賽，如今得花上十五分鐘苦戰。

荷伊斯曾答應我，如果我能訓練與指導他出戰UFC，我可以拿到一部分獎金。但在他獲勝之後，荷里昂拿走了所有的錢，我完全沒分到。在荷伊斯為第二屆UFC做準備時，他給出了同樣的承諾，我也再度幫忙他，但在獲勝之後，荷里昂仍然保留了所有獎金。我出面支援是為了柔術，但荷里昂出面是為了……嗯，他自己。當荷里昂、我父親與UFC的總裁亞特·戴維（Art Davie），終於找我討論在UFC出賽的事宜時，我跟他們的商談完全是公事公辦[1]。

我不喜歡UFC目前的走向。為了取悅粉絲，加上美國政治家正試圖禁止綜合格鬥式的比賽，使得UFC的形式離我偏好的長時間無限制格鬥賽越來越遠。父親與荷里昂都知道，荷伊斯剩沒多少時間能稱霸戰場了。

起初UFC標榜是真正的無限制格鬥賽，但在美國政治家開始介入與批評之後，主辦方便修改規則，縮短每回合時間、根據體重分級，把武術競賽轉變成一項運動。雖然這些規則使 UFC 更能娛樂觀眾，但諷刺的是，這也讓比賽變得更暴力，忽略了戰略與技術。**UFC 把無限制格鬥轉變成某種更殘暴的東西。**

我與金在洛杉磯的一間辦公室，跟我父親、荷里昂與亞特．戴維會面，我告訴他們，我願意接受以一百萬美元參賽。戴維試圖向我解釋 UFC 可笑的酬勞結構，但我跟他說那是他的問題，與我無關。

最終，父親打出了「格雷西家族」牌，說在他的年代，他不是為了金錢而戰，而是為了家族榮譽。至今為止，我已經多次為了家族扛起重任，但我有孩子要養。荷里昂不再能控制我，而且許多格雷西族人似乎也都在反抗他。來到美國使我們家族中的上下階級與互動關係快速改變，如今所有格雷西族人都優先考慮自己。

一九九五年，我仍然在皮可武館教學，但主要專注於格鬥以及日本的衛冕賽事。如果你是個只依靠個人能力的冠軍，那麼你稱霸的時間就不會太久。沒有冠軍是單獨仰賴

1 編按：本書出版後，荷里昂告知希克森及出版社，荷伊斯已全額獲得 UFC 1和 UFC 2的獎金。荷伊斯也提交了一份聲明，表示他在比賽當時已全額獲得獎金，並說明從未同意將任何獎金分給希克森。希克森則堅持記得與荷伊斯的這些對話，並認為這起事件是他決定與家人決裂並搬到日本的關鍵因素之一。

體能條件而獲勝的。當網球天王羅傑・費德勒（Roger Federer）輸掉幾場比賽，並發現對手逐漸迎頭趕上時，他選擇走上改造自我的道路。他研究自己的揮拍方式，開始在離地面更近的位置擊球。賽車手艾爾頓・洗拿之所以會那麼激勵人心，是因為他身為冠軍卻始終沒有停止思考；就算獲勝，他也從來不滿足於自己的表現。

我這一生都非常好勝。就連小時候去泳池玩水，如果我在比速度時輸掉的話，我會在隔天與之後的日子回到泳池練習。**那場失敗會留在我的腦海裡，直到我有機會扳回一城**。最後一次在競賽中落敗，是在我十四歲、還繫著橘帶的時候，當時我父親帶著一些年幼的孩子參加一項小型賽事。那次落敗的記憶，彷彿就像昨天才發生的那樣清晰——比賽開始，雙方進入地面戰，對手的運動能力出乎我意料，我還沒來得及反應過來，他就已經壓在我背上並勒住我。我拍地認輸，對自己非常生氣。在那之後，我開始比以前更努力訓練。

那個擊敗我的孩子，如今就像是頭上多了個靶心！幾個月之後，我們在另一項賽事對戰，雖然我獲勝了，卻只是根據裁定而勝利。這使得我更加生氣，也更有動力加強訓練，為下次交戰做準備。四、五個月後，我們以綠帶的身分再次對戰；比賽開始，他把腳放在我的臀部，並以非常流暢的動作對我使出臂鎖技。他的腿跨過我的臉，我的手臂被扯直，肘關節被扳到極限。儘管我感覺自己的韌帶與肌腱發出怪聲，但我沒有認輸，而是成功抽出手臂，接著搶得上位並開始勒住他。我不斷說：「別認輸，混帳！別認輸！」然而他認輸了，從此再也無法與我抗衡。

## 別思考，要和對手建立連結

在我學會如何放空心靈之後，我有了保持謙遜的自信，而謙遜在我的成長中扮演著重要的角色。我並沒有因為贏得第一屆日本公開賽就不求進步，反而專注於改善我的弱點。謙遜讓我懂得檢視並感激那些微小的細節，而不是忽略它們。為了突破自我，我必須每天都感覺到壓力、失望與沮喪。

我總是試著從不安穩的狀態開始活動。我經常要所有學員排成一列，並跟每個人比賽。如果有人能撐過三分鐘，就算他贏了，而且我會限制自己使用特定招式，例如只能對他們的左臂使出臂鎖技。如果我擊敗其中的十九人，但有一人撐過三分鐘的話，我回家時也會感覺很糟糕。這麼做會讓我嘗到落敗的滋味，而我會讓那種滋味一直留在嘴裡，不斷創造能使我連結到失敗的挑戰。

有些人不斷苦練，但始終沒有取得進展，因為他們只練習自己擅長之處，只對抗他們能擊敗的人。因為他們從來不去改善自己的弱點，於是他們停止成長，競爭者隨後趕上。那些說「呿，我只要繼續做我擅長的事情就好」的冠軍，最終都會衰敗，因為天賦有其極限。**如果連自己都無法了解，你又怎麼能在任何領域上成功呢？**

此外，你也無法單純靠記住孫子或宮本武藏的著作，就成為厲害的戰士，因為格鬥既是藝術也是科學。藝術層面在於，它需要創意、熱情與直覺；科學層面在於，它具有以經驗爲依據且同樣不容忽略的一面，例如技巧、時機、力量與耐力。有時候我的助手要我往右移動，但我可能會對自己說：「右個屁，我要往左。」我才是站在擂臺裡面的人，我可以看見並感應到的事情，其他人無法領會，所以我必須信賴自己的直覺。

**我在擂臺上從不思考——只去感受**。在職涯巔峰期，我的感官超群絕倫，甚至可以聞到對手的恐懼，看見他的精力流失。具備這樣的感受性，使我從來不會在打鬥時毫無章法，或者試圖強行碰運氣。相對來說，**我會跟對手建立一種連結，接著要不等待他犯錯，要不解決他端出的任何問題**。無論是哪種狀況，我都能全心全力的行動或反應，因為我的心靈已經排除了預測，所以能夠即刻反應。

那些在摔角、柔道與踢拳界稱霸，又能在綜合格鬥中有所成就的人，例如龍達·魯西（Ronda Rousey）、蘭迪・寇楚（Randy Couture）與巴斯・拉頓（Bas Rutten），在他們踏入八角籠之前，都已經是知道如何訓練與打鬥的王者。魯西曾是世界最強悍的戰士，她靠的絕非僥倖。她是一名無與倫比的鬥士，能夠應對壓力又非常認真訓練，她了解贏得勝利的方程式。她在綜合格鬥的主宰地位，並非仰賴體格、力量或運氣，而是她毫不留情使出完美技巧的成果。

有一段時間，魯西的動作像是源自深層潛意識，她能不假思索的打鬥。她抵達了超越知識的境界，因為她是一名武術家，而不是一名樣樣通卻樣樣鬆的綜合格鬥鬥士。她不只是奧運金牌得主，也是一名柔道大師，並且是柔道大師之女。魯西跟其他對手處在不同的層級，別人玩的是黑白棋，她玩的是西洋棋。可惜後來她分心參與演藝界，漸漸遠離格鬥賽，迷失了方向。

當魯西的重心從格鬥轉變為當上公眾人物且從中牟利之後，我便感覺到麻煩將至。精英運動員的生活跟名流人物的生活截然不同。我在魯西仍是 UFC 贏家，穩坐世界巔峰時見過她。我對她唯一的建議是，她該找人來隔絕並阻止媒體炒作對她造成影響，使她能專心在格鬥上。如果太關注媒體與他人對你的期待，不只會失去專注力，還會喪失在八角籠內所需要的感受性。每次格鬥都需要全神貫注，因為你的對手未必會分心，他們每天都在體育館苦練，試圖找出擊敗你的方法。

魯西不怎麼接納我的建議，表現得像是已經沒人能再教她任何東西。最後，她偏離了軌道，甚至試圖與一名世界拳擊冠軍正面對抗。在被荷莉．霍姆（Holly Holm）擊倒落敗之後，魯西需要理性與誠實的自問：為什麼會輸得那麼慘？並找出一套新的攻擊計畫，放下這場敗仗並繼續前進。

面臨重大的挫折時，你需要對自己徹底誠實，這個過程可能會令你痛苦，但絕對有必要。如果有人幫你找藉口，鼓勵你更堅定使用錯誤的戰術，那麼你的內心就會有幽靈在最糟糕的時刻出現來干擾你。

由於魯西的自我認同很大程度上與身為UFC冠軍連結在一起，這場落敗使她格外難受。在她被擊倒之後，沒人去改正她最明顯也最根本的戰術錯誤——她的風格不是以打擊技為主！如果我要跟莫里斯．史密斯（Maurice Smith）[2]格鬥，我鐵定不會站在擂臺中間跟他互毆，而是會小心翼翼的把他帶到地面，強迫他以我擅長的方式打鬥。

最終，魯西重複了錯誤的戰術，試圖跟另一名可怕的世界拳擊冠軍阿曼達．努涅斯（Amanda Nunes）正面對抗，結果不到一分鐘就被擊倒！魯西不只輸掉比賽，簡直被打垮了。後來她再也沒有參加綜合格鬥，而是撤退到更安全也更膚淺的職業摔角。

我的弟弟荷伊斯也曾犯下類似錯誤，當時他在巴西跟瓦里德·伊斯梅爾（Wallid Ismail）打一場柔術比賽。雖然荷伊斯是UFC冠軍，但他已經離開柔術競技好幾年了，也沒有特別認真看待這場比賽。相對來說，伊斯梅爾天沒亮就起床，到沙灘上跑步，並在酷熱之中跟巴西最強悍的傢伙們訓練。當然，伊斯梅爾擅長的招式有限，但他的意志極為堅定。

我記得有一次他跟我的學員在某項賽事中對抗，然後吃到一記三角鎖。他陷入那個狀態五分鐘，即使臉色發紫加上流鼻血，他仍然拒絕認輸！最終成功逃脫並贏得勝利。當荷伊斯跟伊斯梅爾比賽時，他以為自己將給對方一個教訓，但他反而是被勒昏的人。

## 真鬥士，將柔術複製到賽場外的人生

有些鬥士雖然不會過度自信，卻試圖憑藉怒氣打鬥。每當有大型柔術競賽在洛杉磯舉辦，我都會前往觀賞，並親自邀請頂尖的黑帶選手到我的武館對練。有一位優秀的柔

2 編按：美國重量級踢拳手。

術家兼綜合格鬥鬥士接受了我的邀請；我先前就對他很感興趣，因為他的打鬥有時出色，有時卻不成章法。當我第一次跟他握手，望向他的眼睛時，我可以看出與感覺到他在情緒上的不穩定。

在我輕鬆擊敗他之後，他多留了幾天跟我對練。我對他最有印象的地方，在於他雖然具有非常出色的柔術技巧，但**他無法將之複製到柔術以外的人生**。這名鬥士並未尋找更全面的方式來平衡身心，而是仰賴藥物，這只會讓他更不穩定。**他是一名虛有其表的戰士，欠缺精神素質**。

多年後，我在日本看到他指導一名年輕的綜合格鬥戰士比賽。開賽之後，年輕鬥士試探著對手，但他開始大吼：「過去跟他對打！別當個該死的膽小鬼！」他試圖以公開羞辱、使人感覺自己像是懦夫的方式，在情緒層面激發選手的鬥志。結果這名年輕鬥士盲目進攻，耗盡了體力，最終輸掉比賽。這實在不讓人意外。

比賽中的心智層面是最具挑戰性的部分，就算是我自己的兒子荷克森，也始終沒辦法掌握這一塊。荷克森曾說，他的目標是要跟我一樣厲害或勝過我。雖然我在他這個年紀時，基本上也立定同樣的志向，但我們追求目標的方法截然不同。他滿心想接下我的位子，以至於把自己逼得太緊。

荷克森總是想要加速行事，總是把油門踩到底。他永遠不會暫停片刻，等待對手犯錯——他只會攻擊、攻擊、再攻擊。當荷克森參加比賽時，他會像龍捲風般連環出擊，從不考慮防禦、耐心與反擊。他會快速讓打鬥升溫並嘗試降伏對手，即使沒有良機也會勉強出招。我會一再告訴他「冷靜！冷靜！」，但都沒有用。

在邁向巔峰的道路上，荷克森能輕易取得所有工具與資源。在我的知識、最棒的陪練員與家族支援以外，荷克森自己也有熱情與動力。如果他能在施展柔術時多一點思考，多運用時機、連結、體重分配與施壓，他理當能獲得更好的成績。荷克森確實大膽又勇敢，但他跟我的不同之處在於他從來不去計算風險，也不斷變得魯莽。更糟糕的是，他繼續走在歧路上。

有時，荷克森會拿著新的DVD播放器或新發售的電玩回家。當我問他是在哪裡拿到這些東西，他會說：「我在街上找到的。」有天，一位認識我的警察聯絡我：「荷克森在我這裡。我們抓到他在店家偷東西。你得過來這裡一趟。」當我抵達時，我的兒子正坐在路緣。那位警察對我說：「希克森，我沒打算送他進警局，但你得跟他談談。再這樣下去他可能會惹上大麻煩。」

我在開車回家的路上斥責荷克森，向他解釋為何不能偷竊，以及他不必做這種事來證明自己的價值，但他默不吭聲，只是看著自己的腳。當我們到家時，我對他說：「去車庫，我跟你還沒談完。」他直直盯著我的眼睛，抱怨的說：「爸，你不能打我就好嗎？與其說話，我寧願你打我。我們不用再談了，直接懲罰我吧。」我心想，**幹，我該怎麼做才能使他害怕自己這些行為的後果？**

就在這一刻，我了解自己已經無法再控制兒子了。荷克森讓我回想起哥哥勞斯，兩人都具備讓我不舒服的心理特質。不過，儘管這個狀況令我憂心，我還是認為這只是一段他會跨過的成長階段，就像我當年那樣。在那個時候，我的注意力幾乎都放在衛冕第二屆日本公開賽。

## 我一拳都不揮

一九九五年開賽的前幾週，我回到日本前往中村賴永在輕井澤的山間小屋。我的賽前準備跟以往相同，辛苦的部分已經完成了，接下來是適應日本的環境，同時避免受傷或生病。目前長野縣就像是我精神上的故鄉。待在日本的時間越久，我就越是喜歡這個國家。

**就算是最簡單的事物，日本人都會關注到最微小的細節**，例如他們築籬笆、栽種花園與製作蕎麥麵的方式……都讓我非常驚奇。他們連打仗的方法都具有美感。日本不只崇尚榮譽、尊嚴與尊重，他們的武器、鎧甲與面罩，全都是精心打造的美麗作品。數百年前製作的日本刀，至今仍是一流的刀具。

一進入山中，我便進入了簡單的生活模式；等到離開時，我感覺自己的心智更加清晰和敏銳。第二屆日本公開賽的對手夾雜著摔角手與打擊系鬥士，其中還有傑拉德．戈爾多，就是在UFC咬荷伊斯耳朵的荷蘭踢拳手。我知道這個荷蘭人非常凶狠，不在意公平或榮譽；如果裁判沒注意，他就會往眼睛打或動嘴咬。如果要和他對打，場面勢必非常慘烈，但我沒有花時間或精力去想這件事。

第一場比賽的對手是日本摔角手山本宜久。開賽之後我們交戰並來到擂臺角落，山本抓住了圍繩。他身強體壯，寧願一再抵擋我揮出的拳，也要避免自己跌落地面。我沒受反擊揮了將近六分鐘的拳，但在這一回合即將結束之時，山本抓住我的頭，對我使出斷頭臺（guillotine choke），利用圍繩作為槓桿，使力扭轉我的脖子。我突然緊張起來，並感覺到脖子傳來一陣疼痛。在我讓頭部與頸部逃離箝制之後，我又推又踢，把山本逼出擂臺。

山本這位摔角手是第一個能跟我對打撐過一回合的鬥士，他的表現讓日本觀眾非常興奮。第二回合，山本繼續抓著圍繩，忍受我的攻擊，試圖用斷頭臺與木村鎖逮住我。第三回合——我很久沒有經歷這種長時間打鬥了——我待在擂臺中間，逼迫山本上前攻擊我。他跟多數摔角手一樣，欠缺擊打技巧，所以我讓他吃了幾記硬刺拳（stiff jab）。當他試圖逃回角落抓圍繩時，我停止進攻並回到擂臺中間。我不斷打中他的臉，當他開始流鼻血時，我又踢他的膝蓋與小腿。我注意到山本一直摸鼻子，也感應到他疲憊得快要撐不住。這正是我在尋找的機會。我把山本拖到地面並騎上去，當他轉身背對我時，我就勒昏了他。

我回到更衣室，但感覺自己的脖子不太對勁。我處於無法百分之百發揮的狀態，得帶傷面對下一場比賽的對手——又一位壯碩的日本摔角手，木村浩一郎。開賽之後，木村向前衝並對我使出單腿抱摔（single-leg takedown），而我無法避開，因為頸傷使我無法妥善做出撲壓後撤（sprawl）。我讓他把我舉高，心想他會把我重摔在地。不過，由於我徹底跟木村與他的動作建立了連結，我利用他的力量，讓自己在空中轉了一圈，然後雙腳著地面對他。接下來我控制住他的背部，以勒頸逼他認輸。賽後，木村說他很感激有這個跟我打鬥的機會，也對格雷西柔術的深度印象深刻，打算仔細研究。

如今我進到決賽，即將面對體重七十公斤的日本摔角手中井祐樹。我很訝異他仍未敗退。中井今晚的第一場比賽對手是戈爾多，對方狠狠挖進中井的眼睛，導致他從此單眼失明。即便如此，這名嬌小的摔角手仍堅持下來，並以一記腳踝鎖（Ankle Lock）逮住戈爾多取勝。中井的下一個對手是一名體型巨大，比他重四十五公斤的美國摔角手。對方在二十分鐘內把中井在擂臺裡摔來摔去，但最後被中井以一記臂鎖逮住，同樣拍地認輸。

在中井擊敗那名美國人之後，他開始大喊：「希克森，我要來對付你了！」

中井是一名勇者，我永遠不會忘記他展現的決心。賽前我在更衣室向團隊表示，自己不會對中井使用打擊技，荷伊勒、塞吉歐便與我起了一點爭論。

荷克森：「你們看看那個傢伙的臉！真可憐！他兩隻眼睛都睜不開了！」

荷伊勒：「你得打他。」

我：「我一拳都不揮。我不會那麼做。」

塞吉歐：「這個傢伙是你人生中最重要的敵人！揍他的臉！你都能揍我了，為什麼不能揍他？別可憐這個傢伙。」

雖然塞吉歐與荷伊勒反對我的決定，但我看得出荷克森因此鬆了一口氣。他在近距離看見中井血淋淋且緊閉的眼睛——那隻眼睛再也無法重見光明——他對這位勇猛無畏的男子只感覺欽佩與遺憾。我有足夠的力量可以讓我為所欲為，但我對中井祐樹充滿了同情。

我試著讓這場比賽成為技術的對抗，不至於太激烈或殘暴。基於他展現出的勇氣，他值得我這麼做。我感覺以技術性勝利來迎戰嚴重受傷的對手，是比較體面的獲勝方式。我沒道理恣意使用自身的力量。所以具體我是怎麼做的呢？我在一場五分鐘的擒拿賽擊敗了中井祐樹。雖然我在擂臺上獲勝，但我沒有打垮中井，他的意志力太強大了。在那個晚上，中井祐樹可說是現代的武士。**真正的力量**，像是中井所擁有的那種力量，**並非只能藉由勝利來展現**。

## 該怎麼對付怪物？

每次獲勝後，我就會加倍出場的價碼。一九九五年奪冠後，日本主辦方跟我說他們無法同意我提出的條件：出場費四十萬美元，加上冠軍獎金四十萬美元。我拒絕以較低的金額出賽，於是建議改由弟弟荷伊勒出戰，也讓日本主辦方有時間準備邀我出賽所需的資金。我當然隨時準備好為了榮譽而戰，但職業格鬥是另一回事。一旦我簽下合約、訂立比賽日期，大家就會對我有很高的期待。主辦方期待我能讓東京巨蛋坐滿觀眾，我的朋友、家人與學員期待我奪冠，而日本人則期待能有日本鬥士擊敗我。

當荷伊勒在東京巨蛋跟朝日昇對打時，我擔任他的助手。而在荷伊勒擊敗他的日本人對手之後，我跳進擂臺，協助朝日起身。荷伊勒於賽後訪問向我致意，感謝我的指導以及為他安排這場格鬥賽。如今日本主辦方開始認真看待我的下一場比賽。我在日本的戰績是六勝零敗，而且都是對手認輸取勝。

對於要我在一晚擊敗三名對手的格鬥賽事，我不再感興趣，後來我只參與頭銜保衛戰。有人批評我都在跟「弱」的對手格鬥，沒去找當時的頂尖美國鬥士較量。但如果有人真心想跟我打鬥，他只需要造訪我的武館。問問安生洋二就知道了。

一九九六年，曾經花費大量時間與金錢吹捧我的日本主辦方，如今想要擊敗我。不過，這件事並不是找個粉碎機般的鬥士對抗我如此簡單。如果日本人要付出史無前例的金額來邀我出賽，我的對手必須是日本人。

別誤會，那些參與綜合格鬥的第一世代美國摔角手讓我印象深刻。他們在純粹的肌力中結合了精湛技巧，具有極佳的爆發力。雖然我從來沒跟這種粉碎機型的鬥士打過，但在看了我的朋友暨巴西柔術冠軍法比奧．葛格爾（Fábio Gurgel），跟美國職業摔角手馬克．科爾（Mark Kerr）的一場打鬥影帶之後，我的思緒開始飛轉。

科爾身高一百九十公分，體重一百一十八公斤，體脂肪只有五％，肌肉因為打了類固醇而鼓脹，在體能上堪稱模範。在那場為時三十分鐘的比賽中，葛格爾展現了巨大的勇氣，但那名美國人持續占據上位，不斷以拳擊或頭鎚猛打葛格爾。在我看完那場比賽的隔天早上，我醒來後心想，我他媽的會怎麼對付那種怪物？我的兒子荷克森比我輕三十六公斤，近似於葛格爾與科爾的體重差距，所以我叫荷克森跟我在車庫碰面。

我讓荷克森躺在地上，然後我開始拆解他的防守姿勢，讓雙方的位置處在科爾痛打葛格爾的起始狀態。一開始我讓荷克森體會不適感，接著協助他做出調整：「荷克森，稍微移動你的臀部，伸直。像這樣移動你的臀部，像這樣推，用你的腳掌。」我單純在分析姿勢，並協助荷克森找到方法處理我的力量，並緩解因為我占據上位而造成的不適感。

我理解到，葛格爾犯下的最大錯誤，是他平躺在地面上，完全沒有製造出角度。我向荷克森展示，他能以什麼方式**讓我失去平衡，藉此中斷我的安穩狀態**。在柔術墊上練習了將近四十分鐘後，我有信心自己掌握了致勝所需的工具，如果明天得對抗科爾，我已經比前一天多了一個機會。

我下一場比賽的對手並不是科爾。日本主辦方希望我對抗高田延彥，他是日本最受歡迎的職業摔角選手之一。我們的比賽將會是第一屆 Pride 格鬥錦標賽（Pride Fighting Championship）的重頭戲。這項新的賽事是世界上最棒的綜合格鬥聯賽，直到被 UFC 收購為止。我跟 Pride 官方討論過規則，所以它的規則跟 UFC 不同，是以鬥士為準而非考量粉絲觀感。我希望裁判無權隨意強迫擅長地面戰的鬥士起立格鬥。

## 萬事萬物都是徵兆

比賽日期訂在一九九七年十月十一日，合約簽署完畢後，我開始全心投入訓練。我通常會騎上腳踏車，從帕西菲克帕利塞茲（Pacific Palisades）沿著岸邊道路騎到聖塔莫尼卡暖身。

有天在回家路上，我在威爾．羅傑斯州立海灘（Will Rogers State Beach）停下車子，打算跳進海裡消暑。當我把腳踏車牽到海邊，正要脫掉鞋子時，我注意到沙裡有個白色的物體冒出頭來。我不知道那是一顆石頭還一枚貝殼，但我立刻被它吸引，於是動手挖出來。

那是一個小木雕，造型是象頭搭配人類四肢。它看起來很眼熟，而且不知為何，我感覺到了它散發出的正面能量，跟我受到太陽或大海吸引的能量是同一類型。於是我把它收進口袋帶回家。

到家後，我感覺自己得為這個木像在後院建一棟小屋。首先我鋪了木頭地板，接著在建好框架後，用棕櫚葉覆蓋成屋頂。等到我布置完成，我就把木像擺了進去。我不相信運氣或巧合，對我來說，萬事萬物都是一種正面或負面的徵兆。我承認**世界是由一股比我更偉大的力量來掌管，而我會在生活中尋找靈性的線索**。例如，如果我在花園找到一根老鷹羽毛，我會認為那是一個祝福與好預兆。

我的靈性奠基於那些無法解釋但我仍然相信的事物。美國人向來容易過度理性：所有東西都必須放進相應的正確盒子，所有線索都必定要找出全貌。當我搬到美國時，我很難以靈性的方式來表達自己，或是捕捉到足以凌駕理性的能量。美國人是根據他們能夠證明與解釋的事物來生活，如果他們無法解釋某項事物，便會認為它不容接受與不可置信。但是理性有其極限，並不是所有事物都能用理論解釋。你只要看看清朗的夜空就能領會。宇宙從哪裡開始？又是在哪裡結束？我們是其中唯一的生命體嗎？死後是否有來生？有許多簡單的問題，並不存在簡單的答案。

即使大多數巴西人信奉天主教，他們仍然相信世上存在玄祕的力量與事物，無法以科學或理性來解釋。非裔巴西民俗宗教（Macumba）、巫毒、黑魔法與通靈，雖然各有不同的儀式與信仰，這些習俗多半牽涉到聯繫神靈並請求協助，有時候則是用來傷害別人。在我成長的過程中，我偶爾會看到被斬首的雞隻（前一晚的儀式用品），以及擺上蠟燭、鮮花與烈酒的祭壇。我母親的密友中就有一位是靈媒，能夠收到亡者的訊息。

當金的兄弟羅貝托（Roberto）罹患癌症時（當時已是末期），雖然接受了化療，但情況仍快速惡化。由於已經沒什麼好失去的了，他於是前往聖保羅向一位超自然外科醫師求診。這種醫師有些會使用指壓按摩治病，有些則會傳輸氣功之類的能量，有些還宣稱能用廚房刀具動手術。當羅貝托返回醫院接受下一次化療時，醫師對檢驗結果非常驚訝，並說：「你的數據看起來真的很好。我不清楚是什麼原因，但從這些數據來看，病況已經穩定下來。我們先暫停這次的化療，看看下週的報告再決定。」

羅貝托的身體越來越好，醫師原本以為可能是檢驗過程出錯，但反覆核查都確認無誤。在羅貝托向那位超自然醫師求診後，他再也沒有接受過化學治療，而且他到今天都還活著。

最重要的是，我相信能量。當我得知自己找到的木雕是迦尼薩（Ganesh，又名象頭神），印度教中掌管好運與排除阻礙的象神，我便在祂的小屋裡加上一個祭壇。這讓我感覺自己品德端正，因為我在還不清楚我找到的是什麼東西之前，就以崇敬的心看待祂。幾天之後，我便前往日本對抗高田延彥。

## 巴西人，日本價值觀

Pride格鬥錦標賽並非只由一家電視聯播網來推廣，其中至少有一部分贊助來源跟極道團體有關。極道的日文字「ヤクザ」，原意其實是日本牌戲「株牌」（oicho-kabu）中最差的牌組（ヤ代表八，ク代表九，ザ代表三）。隨著時代演變，它的意義變成「賭徒」，後來又用來形容組織犯罪。

雖然競賽活動會從門票販售與電視轉播合約中產生收益，但真正大筆的金錢流動來自賭博。極道團體除了經營性交易、勒索與走私以外，也涉入各種類型的博弈。儘管賭博在日本仍屬非法，各極道組織都會指派成員接受賭注，其中他們最樂於簽賭的運動之一是相撲，由諸多極道團體掌控相撲武館、贊助力士與推廣賽事。如今綜合格鬥提供了嶄新的賭博契機，百瀨博教這位曾入獄多年的極道頭目，也很快就發現到這個趨勢。

據傳百瀨為了第一屆 Pride 賽事投入了五千萬日圓，而且非常支持高田延彥。雖然我不會低估高田，但我知道職業摔角——一種精心設計的表演，與對手同心協力演出一場好戲——和無限制格鬥不同。我知道高田將會明白，一旦沒有劇本，事情就會變得困難許多。

離開山間訓練營來到東京，我感覺自己已準備就緒。我跟高田一起踏進擂臺，但在比賽開始時，我並未感應到對方的攻擊性，他似乎不想交戰。我在擂臺裡四處追逐他超過一分鐘，接著決定留在擂臺中間，逼他過來找我。我們互踢與扭打了幾下，就在我把他帶到地面時，高田抓住了圍繩使裁判過來分開雙方並重新開始。這個情況惹惱了我，但我不希望自己被怒氣分心，因為我看得出高田只是在奮力求生。以他的程度無法理解現況，他遲早會犯下致命的錯誤。

我加緊攻勢，成功使出一記雙腿抱摔（double leg takedown），讓高田的背部重重著地。我騎上他，開始揮拳打他的身體與頭部。他試圖用手臂鉗住我，我則以臂鎖回敬取勝。這場比賽持續不到五分鐘，但它是一次重大的成功：不只有超過四萬七千名粉絲入場，擠滿了東京巨蛋，還有更多人是透過收費頻道觀賞。

在我跟高田的格鬥結束之後，一名擁有一支相撲隊伍的極道頭目邀請我共進晚餐。

他對我很感興趣，我認為他是想知道，**一名巴西人，怎會體現出許多在二十世紀被認為已經落伍的日本價值觀？**而我也對極道團體在日本所擁有的權勢之大，感到驚訝與好奇。就算他們在繁忙街道的中央停下車，警方也不敢干涉。一輛賓士轎車在四季酒店停下，壯碩的駕駛走出車外，先是為我與金打開後座門，接著再為我兒子荷克森打開前座乘客門。正當我們要駛離酒店時，荷克森注意到駕駛少了兩根手指，於是問他為什麼會斷指？駕駛嚴肅的看著荷克森，然後說：「我犯了錯。」

晚餐期間，當金稱讚這名極道頭目戴著漂亮的鑽石耳環時，對方轉頭對我說：「格雷西先生，如果你不介意，我想把它送給你的妻子。」我向他道謝，說沒有問題，於是他便把鑽石耳環遞給金。在我們離開前，這名極道頭目還向我展示一把有著三百五十年歷史的武士刀。我對那一晚最清晰的記憶，是這名極道頭目的私家廚師為我們烹調的天婦羅，那是我有生以來吃過最美味的東西之一。

我對日本人跟食物之間的關係抱持敬意。這不只在於食物，也在於展示他們的當令食材。日文字「和食」（washoku）的意思是「日式當令的食物」，奠基於日本的四季與收穫。舉例來說，你可能會在春季吃綠豆與蛤蜊，夏季吃日式甜椒（shishito pepper）與某些種類的魚，秋季吃蘑菇與鰻魚，冬季吃葉菜與其他種類的魚。連米都有季節之分，初秋收穫的米品質最好。每個季節都有專屬的碗盤。用餐者的感官享受與整體體驗，跟食物本身同樣重要。餐點的每個層面，都是對營養與四季的禮讚。這種對細節的關注，讓我真心欽佩。

我格外喜歡佛寺與神社，這些寺廟讓我最驚奇的地方，在於它們在建造時沒有使用釘子，而是透過複雜的卡榫來結合。建廟的木匠大師不只會考慮木紋契合，他們處理木材時宛若在對待有生命之物。我在京都的導遊是一名佛教僧侶，所以他能帶我進入平常不對大多數遊客開放的地方，甚至幫我們安排跟其中一位住持用茶。當我們用完茶後，那位高僧脫下自己的念珠交給我，但我沒有東西能回禮，於是我脫下上衣拿給他，聊表敬意。

回到加州時，我的老師卡尼恰巧來到洛杉磯，他正在前往印度的途中。我邀請他來我家並帶至後院向他展示那尊迦尼薩神像，以及我為祂建造的屋子。當我告訴卡尼，自己是在家裡附近的海灘上挖到神像時，他說：「這真是難以置信，不會是巧合。」

我注意到迦尼薩的屋子變得有點老舊，於是決定要根據我從京都寺廟獲取的啟發，為祂造一棟新家。我買了幾塊漂亮的紅松木，拿出雕刻工具，然後以極度專注力與新生的使命感開始動工。完成後，我在迦尼薩的新家周圍種了一圈白色天竺葵（geranium）。

當我跟物理治療師聊到自己造了這棟新家時，她告訴我，如果要向迦尼薩提出請求，首先得奉獻供品。而我在尚未得知這件事前，就已經為祂送上禮物了。

## 格雷西柔術改變了綜合格鬥

我沒打算再跟高田延彥打一場格鬥，但主辦方與他的粉絲，都希望我能給他復仇的機會。我在第一戰當中已經獲得六十萬美元，第二戰則會拿到一百二十萬美元。這個金額比當時任何人能收到的價碼都高得多，於是我同意了。

到了一九九七年，我的日常開銷非常高；家人們的生活方式，在短短幾年間有了戲劇性的轉變。在日本進行格鬥，讓我們能從托倫斯搬到更富裕的海濱郊區帕西菲克帕利塞茲，買下一棟帶泳池、能看到海景，又能輕鬆前去衝浪的漂亮宅邸。我也在帕西菲克帕利塞茲開設一家嶄新且使用先進設備的武館。我的孩子去私立學校上課，而我終於有錢為我與金買新車。這一切都要花掉一大筆錢。我開始學到，在美國的生活，比在巴西的生活昂貴且複雜得多。車子需要註冊與投保，罰單需要即時繳納。如果我的孩子在學校行為不檢，校長會打電話給我們要求會面。隨著我的孩子長大，我越來越難專心進行訓練與格鬥。

在我跟高田的第二戰還有三個半月時，我的背部受傷了。我曾考慮要取消比賽，但後來決定去巴西向一位我認識且信賴的物理治療師求診。在一個月的期間，我拉伸、冰敷、在泳池內健身、接受深層組織按摩（deep-tissue massage），並做了各種你想像得到的物理治療。當我離開里約的時候，我感覺自己好多了，雖然身體狀態並非百分之百良好，但我仍決定出賽。

抵達日本之後，我跟荷伊勒弟弟、我的朋友雷納特・巴瑞托（Renato Barreto）、荷克森與金進到山間。第一天，我在超過四個月以來首次訓練，在幾分鐘之內，我就感覺背部傳來一陣刺痛，於是立刻中止練習。我對荷伊勒說，我們在地面做些動作不大的擒拿就好，以免讓我的背傷更嚴重。與其試著忍痛練習，我認為在比賽當天之前不再讓自己感到疼痛更合適。我們會在山間奔跑與騎車，也會在柔術墊上做些輕度活動，但我堅持不做站立擒拿、拋摔與扭打的練習。

有天當我們走在山間時，我看到一隻金鵰飛過身邊，然後高升到我們頭上。我一注意到牠，便指著牠對其他人說：「這是一個好預兆！老鷹是厲害的獵人，擁有極佳的視力與感官。」金鵰的造訪很快就成為常態。我們每兩天會在山間奔跑，這時同一隻金鵰會展開將近兩公尺的翅膀，在我們上方高飛。當牠發出尖銳叫聲時，我們全都很興奮。在我們即將離開的時候，我已經跟那隻鳥建立了深刻的連結。

要前往東京參加格鬥的那天，其他人都已先行出發，我獨自待在山間小屋的二樓。望向窗外，我看到那隻金鵰坐在二十公尺外一棵大松樹的樹枝上。我定住身子，我們目光相交。雙方就這樣對看了約一分鐘，**我感覺自己從這隻雄偉的生物身上吸取了能量**，彷彿金鵰是在賽前給予我最後的支持。我移動去拿照相機，想要拍下照片，但當我返回時，金鵰已經不見了。我理解到這份特別的禮物是獨歸我一人所有，我感覺自己因而充滿活力。

雖然我已經幾個月沒有用力訓練，但比賽當天我感覺狀態不錯。後來有人跟我說，安生洋二以他在摔角界的反派扮相，擔任高田的助手；但當時我太專注在高田身上，完全沒注意到安生。我試著查看高田是否顯露任何弱點或壓力，但我只感應到一名充滿自信的鬥士，他讓我回想起杜爾特在跟我第二次對打前的模樣。高田擬定了一套計畫，並相信能因此幫助他解開希克森．格雷西這個謎團。他已經全心全意為這場格鬥做好準備。

比賽鐘聲響起後，高田連番揮拳出擊，雖然都沒有直接命中，但他確實阻擋住我的開場攻勢。如今我已清楚看出，高田不會犯下像第一戰那樣的錯誤。我們多數時間都在試圖擒拿對方，而基於高田的摔角手背景，他在這方面表現優秀，但我知道他正在消耗大量體力。大約六分鐘後，我發現高田氣喘吁吁、胸口起伏。當他試圖喘息時，我則加快節奏。

高田這一次準備得更充分，擁有更好的作戰計畫，也提升他在打擊與站姿技巧的能力，但他的實力仍不夠充足。職業摔角跟綜合格鬥賽不同，鬥士所承受的壓力不一樣；摔角手會彼此合作，共同演出精心設計的壯觀場面，達成預先安排好的賽果。他們會給予彼此休息的空檔，因此不習慣真正格鬥賽中持續不斷的纏鬥。

開賽大約六分鐘後，我成功把高田拉到地面，進入我的防禦姿勢內。他試著再次休息，但我不讓他有這種機會。我揮拳打他的頭，用腳跟踢他的身體。先前高田的打法都很聰明，但這一刻他犯下致命錯誤，他抓住我的腳踝，打算使出基本的腳踝鎖。我成功逃脫，接著反轉彼此的位置，搶占上位。我開始從騎乘姿勢，轉移到側向壓制（side control），接著又回到騎乘姿勢，我感覺高田開始喘不過氣了。

我進一步施加壓力，在高田又承受了幾拳後，他的手臂暴露出弱點，於是我使出臂鎖，他隨後認輸。賽後擂臺播報員把麥克風伸到我面前，我對觀眾說，格雷西柔術的創始人，是一位名叫孔德．科馬（前田光世）的日本鬥士，他在這個世紀初指導過我的家族。「我的家族從真正的武士科馬先生身上學習到了武士精神，所以我把這種精神帶回日本。我很高興能來到日本，我過得很愉快，尤其喜歡這裡的食物。」

高田後來表現得很有禮貌，感謝我同意再戰，並讚揚我的戰士精神。他勇氣十足，但欠缺接軌到綜合格鬥這個新世界的知識。我這位對手當了太多年的職業摔角手，導致他已被局限在不同類型的打鬥模式。

比賽期間、甚至結束之後，我的背部完全沒有出現不適。返回洛杉磯後，我也向迦尼薩致謝。我離開這裡已經一個月了，而我注意到的第一件事情，是之前種下的天竺葵都由白轉紅。如今迦尼薩真的讓我感覺像是一位朋友與盟友，我把這個變化視作徵兆，認為自己重返巔峰格鬥體態的時候到了。

我逃過背傷的影響，但同時也意識到，自己不可能永遠格鬥下去。一九九九年，我的背部、臀部與身體的其他部位，都開始因為持續四十年的征戰而逐漸耗損；而我得保存自己殘存的體能，因為我知道下次的戰鬥將會是一場大戰。日本人是凶猛的對手，而且他們痛恨失敗。在高田於第二戰展示出更好的表現後，他們認為遲早會找到能擊敗我的日本鬥士。

在短短的五年間，無限制格鬥已經轉變為綜合格鬥。格雷西柔術改變了綜合格鬥界的規則，如今所有人都在研究它——許多綜合格鬥鬥士研究柔術，只是為了學習如何對抗它。對我來說，無限制格鬥跟綜合格鬥不同，因為前者有更多可能性，無論好壞。**直到機會出現之前，你必須以防守來面對打鬥**，就像荷伊斯在第四屆UFC跟丹・塞文（Dan Severn）格鬥時做的那樣。塞文的體重是一百一十八公斤，他占據我弟弟的上位長達十六分鐘，直到荷伊斯從他的背部逮到機會使出三角鎖。如果根據現在的規則，荷伊斯永遠無法贏得那場比賽，因為裁判會在地面戰超過五分鐘後要求雙方起身。

**綜合格鬥是一場比賽，無限制格鬥則是一場戰爭**。如果每回合是五分鐘，你可以在這段期間使出全力，因為你知道五分鐘後，自己能有一點時間恢復。你會根據那段休息時間來建立整個戰略。同時，你知道對手和自己屬於同個量級，所以他不會像比你重二十公斤的人那樣，在力量方面極端壓制你。

讓我感覺最舒適的環境，是沒有量級、時限或規則的格鬥。我只需要等待一個簡單的錯誤出現，並加以利用。現在，如果你贏下三回合中的前兩回合，即使對手在最後一回合結束前成功勒住你，你也有機會被鐘聲拯救，並且會因為贏了前兩回合而拿下比賽勝利。別誤解我所想表達的——強悍的傢伙依然強悍，戰士精神依然存在，而重傷的機率（尤其是腦部傷害）如今甚至更高了。

現在的綜合格鬥選手就如同殺人機器，站立技鬥士與地面技鬥士的區別也不像過去那麼大。現在所有人都擁有全方位的優良技巧：站立技鬥士在地面戰的表現，足以讓他們重新站直身子；而地面技鬥士也具備足夠的打擊實力，讓他們能進入扭打並把局面帶入地面。

如今有人認為，如果你贏了比賽卻不必縫合傷口，或是沒有被打到雙眼瘀青，那麼就不是真正的勝利。但我不認同這種觀點。

第9章

# 脆弱有其必要

我的孩子長大得很快。雖然成長期間都跟我一起訓練，但他們也會自行探索其他方面的興趣。一九九九年，我的小兒子克朗十一歲了，雖然有柔術天賦，不過他更喜歡玩滑板。凱琳十三歲，沒有她不擅長的運動，並且是校園與團隊運動中的天生領袖。凱安十五歲，熱愛舞蹈與音樂。女兒喜歡跟我練習柔術，但她們對比賽不感興趣，我也從來不強迫她們。我尊重她們有其他的喜好，無論她們想往哪個方向發展，我都會支持。

我一直試著參與女兒的生活，無論是在柔術墊上或之外，我都給予她們愛、協助與建議。但我必須坦承，對我來說，跟女兒互動比跟兒子相處困難得多。我欽佩她們的成就，也以我能找到最好的教師與學校來支援她們，但她們走上的道路，實在跟我的過往差距很大。

我的女兒在洛杉磯最棒的私立學校就讀，而我完全不懂化學、現代藝術或芭蕾。她們的同學是美國某些權勢滔天人物的子女。如果凱安在鋼琴編曲上碰到了麻煩，我沒辦法像自己幫兒子那樣幫她。這跟協助荷克森或克朗準備柔術賽事截然不同。我父親認為女性就該待在廚房與育兒室，但我完全否定他的觀點。我希望我的女兒自立自強，能夠走上她們選擇的任何道路，而她們也確實正在大步邁進。

長子荷克森十七歲，全心投入柔術，致力於成為他的世代中最偉大的格雷西族人。

荷克森跟我一樣，對上學沒什麼興趣，大多數時間都在武館訓練與指導。我擔心他會因為我的關係而備感壓力，覺得自己不能辜負我與格雷西家族的名聲。然而隨著年歲漸長，荷克森卻變得更魯莽，會為了證明自己而接受所有挑戰、跟任何人打鬥。我深怕他遲早會碰上壞事，因為他毫不在意自身安危的心態，如今越來越嚴重。

在某次參與時裝品牌凱文・克萊（Calvin Klein）的模特兒工作中，荷克森從他們拍攝的房子屋頂跳進泳池，差點害死自己。另一次，他想進入一場自己沒受邀的派對，於是脫掉上衣，走向壯碩的警衛，然後說：「如果我打贏你，我可以進去這場派對嗎？」那名警衛實在太驚訝，於是放他通行……連打都沒打。我幾乎沒有管束荷克森的辦法，因為他現在靠著指導柔術與當模特兒自力賺錢。

我知道我必須接受，自己無法掌控孩子的未來。你栽下種子，盡你所能培育，但在某個時刻，你也必須放手。不管你給予多少知識、愛、金錢或建議，他們終究會在羽毛已豐之時展翅高飛，然後邁向自己的人生旅程。**父親必須接受孩子本來的樣子，而不是他期盼孩子長成的樣子**。

一九九九年十一月，我跟荷克森與金回到東京，為弟弟荷伊勒擔任助手，他即將跟日本的資深摔角手櫻庭和志對戰。櫻庭的體型比荷伊勒大得多，而且他已經在一些綜合格鬥比賽中打贏過柔術鬥士，雖然對方並不是我們家族的成員。這場比賽只能以主動投降分勝負，而且裁判不能中止打鬥。

開賽後，荷伊勒無法把櫻庭帶到地面，而這名日本鬥士有條不紊的踢向荷伊勒的雙腿，讓它們處處瘀血。十三分鐘時，櫻庭以一記木村鎖逮住荷伊勒，儘管荷伊勒沒有拍地認輸，但裁判在回合結束前就中止了打鬥。由於規則明訂比賽不能因為裁判干涉而中止，我們的陣營跟主辦方彼此間各說了些狠話。接下來，櫻庭抓住麥克風，向我提出挑戰。全場為之瘋狂。

那天晚上，有人敲了荷克森的飯店房門，當他開門時，五名日本壯漢站在面前。其中一人問道：「希克森在哪裡？」

荷克森回答：「他沒住在這間房。」然後重重關上門，接著打電話給我。「媽的！有些極道分子過來這裡找你！」然而這些傢伙從來沒有來到我門前。

日本的粉絲仍然喜歡我，但主辦方決心找到能夠擊敗我的日本鬥士。就算在我跟日本鬥士對戰時，許多觀眾仍然為我加油，因為相較於對手，他們覺得我更能體現日本人的價值觀。我跟日本粉絲的關係，超越了國旗與國籍。我感覺自己被日本人接納了，因為**我是武士道活生生的寫照**，而這是一種在一九九〇年代已經消逝的精神。儘管我跟日本建立的這項連結既美好又正向，但主辦方在考慮的顯然完全不是這些。

## 拒絕拍地認輸

在荷伊勒完賽後，金開始協商我下一場比賽的合約，經過激烈的談判之後，日方同意在我獲勝時支付一百五十萬美元。主辦方不希望我跟櫻庭這樣的老手對打，而是想要我跟他們在綜合格鬥界最大的巨星船木誠勝比賽。

不同於高田延彥，船木是經驗非常豐富的鬥士，擊敗過早期綜合格鬥界名聲響亮的鬥士，包括：肯・沙姆洛克、法蘭克・沙姆洛克（Frank Shamrock）、巴斯・拉頓與其他人。船木比我年輕十歲、體重多十八公斤，而且他不只是一名職業摔角手。主辦方已經挑出最有機會擊敗我的日本鬥士。船木後來說，當他收到這場格鬥賽的邀請時，他把它想成是**格鬪技**（かくとうぎ，kakutougi）——「戰鬥」。在傳統的格鬪技中，**如果落敗，你就會喪命**。我明白船木跟我一樣，永遠不會拍地認輸。

我在六個月後返回日本，這次身體的感覺不錯，背傷已經痊癒，我準備就緒了。結束山間訓練營後，我們前往東京參加格鬥賽。這場比賽是「二〇〇〇競技場格鬥大會」

（Colosseum 2000）的重頭戲，現場觀眾達四萬人，還有三千萬人在付費頻道觀賞。船木從東京巨蛋後臺的簾幕走出來，身穿藏青色的武士和服，腰帶繫了一把刀，站在長階梯頂端的那一刻，全場為之沸騰。他帶著高田走向擂臺，抵達時舉起他的刀，短暫祝禱後以刀柄碰了他的前額，接著踏進擂臺。船木跟我在日本面對的部分鬥士不同，這名對手完全沒有表現出能夠感知到的恐懼。他全心全意專注於擊敗我。

比賽開始後，我向前嘗試勾絆，但船木以一記過肩右勾拳（overhand right）擊中我。我們最後在擂臺角落扭打，不斷丟出拳頭與膝擊。開賽九分鐘後，船木抓住我的脖子，試圖使出斷頭臺。我成功把他拖到地面，但在落地途中，他打中我的眼睛。

當我們落到擂臺的帆布上時，我完全失去視覺，因為那記攻擊打斷了我眼窩內的骨頭。不過我的心智仍能正常運轉，對體內狀況的評估也沒出現異常，所以我感覺自己還能應付這個局面。真要說起來，**我反而擁抱了這個機會**，打算藉此展現我數十年未嘗敗績並非僥倖，而是我以系統化方式訓練的成果。我知道船木擊敗我的唯一辦法就是讓我昏倒。如果今天是我的最後一天，那就這樣吧。我不會為了求生而哭泣、乞求或出賣我的靈魂。

船木跳起來站直身子，開始踢我的腿，而當我完全沒有試圖起身時，觀眾明白我受傷了。船木每次踢中我的腳，日本粉絲就大聲歡呼。即使荷伊勒喊著「站起來！站起來！」，在周遭喧騰激動的這一刻，我不慌不忙的調整呼吸並重整態勢。我忍受船木的踢擊，同時試著不要摸自己的眼睛，避免讓對手得知我受了重傷。我讓船木繼續踢我的腳，希望視覺能逐漸恢復，但當視覺仍未改善時，**我接受了自己得在失明狀態下跟對手打鬥的現實**。

雖然船木踢了我超過三十腳，但他從未在我處於危機時對我使出殺招，這是他的敗筆。在我適應自己看不見後沒多久，其中一眼開始恢復些許視覺。我踢中船木的膝蓋一腳，讓我能拉開距離並安全起身。我察覺他正試著喘息，於是我全力進攻，並讓他背部著地。一旦我控制住他的背，儘管他已經沒有逃脫的可能，他仍然拒絕投降。船木是一名真正的戰士！在我揍他的臉超過二十下後，他才轉身背對我。即使我即將把他勒昏，他也沒有拍地認輸，但最後終究不支倒地。

船木後來說，他拒絕拍地認輸，是因為他已經接受死亡，他寧死不屈。他說，當我在比賽末段勒住他時，他認為自己即將喪命，因為他沒有給助手毛巾來拋進擂臺。裁判沒有阻止我，是我自己停下來。船木清醒過來之後說，他當時滿心喜悅，因為自己還活著。他認為是我鬆開了勒頸，才讓他有了重獲新生的機會。

我的弟弟荷伊勒、兒子荷克森與克朗，以及團隊中的其他人，全都跳進擂臺慶祝。對我們所有人來說，這是一場令人激動的勝利。我們全都知道，在我對戰所有對手的經歷中，這場比賽是我最接近吞下敗績的一場。

在比賽結束後，情緒激動的船木向粉絲道歉，說因為他把這場比賽想成是格鬪技戰鬥，而不是運動競賽，所以沒有第二次的機會了，隨即宣布引退。我在大約一年後跟他談過話。我一直擔心他怎麼從那場敗仗中恢復，以及他後來怎麼繼續生活。然而他感謝了我，說我們的比賽是他人生中最棒的體驗之一，因為它改變了他的思考角度，讓他重新評估了許多事情，我也放下心來。任何嚴肅看待自身使命，準備為此犧牲生命的人，我都會致上最深的敬意。

如今，日本主辦方積極想促成我跟曾經擊敗荷伊勒的櫻庭和志對打，不過我在眼睛完全恢復之前，沒有打算投入另一場格鬥賽。所以在二〇〇〇年的秋季，我回到了巴西。

## 兒子踏上另一段人生

該年稍早，荷克森在訓練時弄傷了膝蓋。復原進展緩慢，我認為他感覺自己成為冠軍鬥士的夢想正在消失。我在里約時聽到謠言，有人說荷克森加入了某個洛杉磯街頭幫派。他對幫派的興致與糾葛，使他走上一條狹隘的道路，而那條路與我試圖引導他，讓他能成為偉大格雷西鬥士的願景截然不同。

當我返回洛杉磯時，荷克森正準備跟他的巴西籍女友前往紐約。我很擔心，因為這代表他即將深入敵營。在整個一九九〇年代，東、西岸的饒舌歌手展開了大戰。荷克森痛恨東海岸的所有事物，包括服飾、音樂、文化甚至披薩，有如深遠的部落冤仇那樣。我曾自問，為什麼他要去那裡？一位認識我兒子的朋友在那年稍早曾警告我，如果荷克森繼續這樣下去，恐怕不會有好下場。如今那些話仍在我耳邊迴響。

荷克森前往東岸後發了一則簡訊給我，說自己已經抵達紐約，一切順利。當接下來超過一個月他都沒有聯繫我們時，我並沒有太擔心，因為他還有在紐約市使用提款卡。但又過了一個月，日期從十二月變成一月，都仍然沒有他的音訊時，我真心開始焦慮起來。倫佐堂姪的武館開在紐約，他有一些學員是警察，所以我詢問倫佐是否能幫忙尋找我的兒子。幾天後，倫佐驚慌的打電話給我，說有位警官在驗屍官辦公室找到一張無名屍體的照片，屍身有個刺青字樣是「希克森・格雷西是第一名的爸爸」（Rickson Gracie #1 Dad）。

先前我們還抱著一絲希望，在掛上電話後，所有家人哭成一團。坐在我身邊的金看起來萬念俱灰。我告訴其他孩子，荷克森已經踏上另一段人生，如今跟勞斯在一起了。現在我得代表格雷西一家去紐約認屍。但我心底知道，我的兒子已經死了。

我在二十四小時後抵達紐約。倫佐見到我時，他一個字都還沒說，我從他的表情就能看出現實。一位警察拿出一張荷克森的驗屍照片。在我確認那是我的兒子後，那位警察告訴我，荷克森被埋在一處稱為波特田（Potter's Field）的地方，紐約市的無名屍都會埋在這種墓地。當我得知荷克森孤身死去，而他無人認得的屍身被埋進貧民墳墓時，我震驚到說不出話。

飛回洛杉磯，我揹著兒子的骨灰走進位於帕利塞茲的家門，悲傷的情緒才頓時襲向了我。儘管我盡力振作，但最後還是崩潰了，跟家人一起痛哭。我哭了好幾天。

我們在日落大道的悟真會（Self-Realization Fellowship）[1]中心舉辦荷克森的追思會。這是一場莊嚴的活動，有數百人參加，朋友、親戚與學員提供的大量支持，令我們非常感動。我試圖保持堅強，然而那份悲痛遠比我更強大。我扮演著堅忍的戰士，但內心已碎成千百片，卻不能在朋友與親戚面前展露出這道傷痕。我花了好一段時間才明白這股悲痛有多深，而**我必須停止抵抗它、轉而接受，才能讓自己重生為一個不一樣的人**。家人過世所引發的喪慟，尤其當逝世者是自己的子女時，是我從來無法想像的痛楚。

大約在荷克森過世三週之後，日本人邀請我對戰櫻庭和志，並提出五百萬美元的價碼。這當然會是我生涯中最重要的戰鬥。對方提出的條件，在當時的綜合格鬥界絕無僅有。但他們向我提議時，我仍在嘗試搞清楚兒子發生了什麼事。我想了解事件經過，但不想因此受到外界關注，所以我告訴其他人，荷克森是因為機車事故喪生，藉此爭取時間，讓我能探尋他死亡的真相。有太多事情不合常理。當時的我，不在意金錢、聲譽或惡名，我只想找出真相——為了我自己，也為了我的家人。

我們最後得知荷克森是在十二月過世，死因是一種不尋常的用藥過量，屍體在普羅維登斯旅館（Providence Hotel）被人發現，那是一家位於包厘街（Bowery）、每晚只收十美元的貧民旅館。根據法醫報告，荷克森是因為過量混用古柯鹼、鴉片、安眠藥與一種抗組織胺而喪命。他為何會使用這麼致命的藥物組合？他為何會來到一家滿是遊民與毒販的旅館？我問自己這些問題，但全都無法解釋。

在我不知情的情況下，大約在同一時間，我有一位住在紐約市的朋友兼學員，從荷

1 編按：國際性瑜伽組織。

克森還小的時候就認識他，也開始調查這個案件。他是一名私家偵探，跟紐約市警察局與該城唐人街高層有聯絡。這一點很重要，因為普羅維登斯旅館就位於唐人街的邊界。造訪那家旅館之後，這位朋友相信他能找出事件經過，並問我是否要他聯繫一些人來幫忙。不過我告訴他，我感謝他付出的努力，但我請求他停止調查這件事。再怎麼追求復仇或正義，都無法讓我的兒子死而復生。

我並沒有告訴那位朋友，自己已經知道荷克森是被人謀殺。大約在他死後的一個月，有人把他的行李箱送回我家，裡面有一張手繪的死神站在骷髏堆上的畫。我立刻明白其中代表的意義，這是一種受仇恨驅動的力量展示。我撫養孩子，要他們負責任、有擔當、在壓力下妥善決策，並且跨越他們所遇到的任何困難。然而，荷克森選擇了另一條更危險的道路，也是我一直害怕看到的結局。

## 明天未必會到來

在查出兒子過世的真相後，我決定要退出跟櫻庭的戰鬥。對我來說，安頓好家庭、協助家人復原，比任何事更重要。我畢生都奉行格雷西家族的思想體系，力求強韌、穩定以及在壓力下保持從容，但在荷克森死後，我不知道是那些思想辜負了我，還是我拋棄了它們。我本可以喚起過去奉行的各種戰士價值觀，讓自己忍受痛苦並屹立不搖，但我的家人無法做到。我本可以讓自己不像個孩子那樣大哭。我本可以說些「上帝自有安排」之類的話，或是安排下一場格鬥賽，把我的痛苦宣洩在櫻庭身上。我本可以用藥物與酒精來麻痺自己。

我感覺如果自己壓抑了情緒，便會創造出一張面具；儘管它能讓我的外表看似強壯，卻會使內心如槁木死灰。相對來說，**我認為脆弱有其必要，無論痛苦、疑惑、失落、軟弱或空虛，我都得去感受，才能讓自己足以坦白的說：**「幹！我不知道該怎麼做。」

我最重要的責任是我的家人。他們需要我振作起來，而我也不會有第二次機會來幫助他們度過這次的難關。這件事從來就不存在其他選擇。雖然我跟金的婚姻處於緊繃狀態許多年，在荷克森死後的那段時間，我們重拾愛與接納，為了彼此團結起來。我們放下歧見，專心照顧孩子。

我也跟父親和解了。當艾里奧與我在洛杉磯見面時，他對我說，我必須接受荷克森的逝去，而父親也在這段永無止境的過程中安慰了我。我父親相信來世，他認為死亡並非終結，而是一條通道，讓你能前往下一個生活。哥哥勞斯，現在再加上荷克森，會在那裡等候我們。

起初我認為自己可以把這場悲劇合理化，然後繼續我的人生。但後來我才理解，理性無法一直壓抑原始的情感。

我陷入喪慟的深坑直至觸底，而且持續那種狀態將近三年。我只是聽從內心，接受我的人生在失去兒子之後，將會永遠改變。我不清楚未來會如何，但我也不再在意了。悲傷將在我的新生活中占據一大部分，而且我也認為自己永遠無法復原。

我允許自己感受並沈浸在傷痛之中。我停止衝浪、指導、訓練與健身，這些事都無法帶給我快樂。我只是待在家裡，帶孩子上學，以及跟他們聊起荷克森並一同哭泣。

世間談到死亡時，有著太多陳腔濫調，諸如堅強、毅力、禱告、朋友、家人與未來。它們全都不重要。我宛如身上綁著一塊重達一百四十公斤的大石，然後墜入海洋。當我觸及海底時，我必須做出決定——**自己究竟想不想浮出水面？**

有天，我在家裡上方的山坡漫步途中，突然想爬上一棵樹。爬到樹頂時，我看見了海洋，我想像自己與過世的兒子，於過去、於現在、於未來在一起的景象。我對著廣闊無垠的世界說：「荷克森，無論你在哪裡，我們都能找到安穩寧靜，我們都彼此相繫，而且我們終究會再度團圓。」在那一刻，我決定要建造一個木製平臺，讓我能隨時在那裡冥想並與荷克森對話。一浮現這個念頭，我就感覺自己振奮了起來，而這是我在他過世後首度有這種感受。我會親手為他立一塊紀念碑，藉此表達我對他的愛，並作為他不朽靈魂的獻禮。

我去五金店買齊所需的材料，並花了好幾個星期在那棵樹上。我會在晚上爬下來，盥洗、吃飯、睡覺，隔天又重回樹上工作。

在我建造平臺時，有一隻藍樫鳥（blue jay）不斷飛來附近，查看我在做什麼。起初牠只是專心盯著我，或許是在戒備，因為我突然入侵牠的地盤。但隨著時間經過，牠越來越接近我。為了表示敬意，每天我都會為牠獻上一些食物。我在平臺的木頭地板上擺花生，然後把花生滾向牠，牠則會靠過來吃。

日子一天天過去，這隻藍樫鳥越來越親近我，我們也逐漸能更自在的相處。我們之間的距離不斷縮短，直到有一天，我在掌上放著花生伸出去，而牠跳進我的手裡來吃。在那之後，我只要發出吱喳聲，牠就會飛到附近。

藍樫鳥是聰明又高尚的鳥類。牠們生性好奇，卻也能無所畏懼的爭強鬥狠，牠們會攻擊鴞甚至鷹，並奉行終身一夫一妻制，一旦結縭便會保衛家庭至死。

自從牠飛進我手裡一段時間後，牠與伴侶也在我家前門正上方築了一個巢，讓我看著牠們養育後代。這些藍樫鳥如今屬於我的家庭，而我也屬於牠們的家庭。

在為平臺上完亮光漆後，我掛上一張荷克森的護貝照片，讓我能在祈禱與冥想時看著他。如今我感覺比較快樂與輕鬆了，但我尚未完全恢復。我想放掉那顆名為哀痛的石頭，卻做不到。我蓋好了這個平臺，全心全意的奉獻出某種事物給荷克森，但現在也必須放手讓他離開。在許多日子裡，我都會上到這個平臺，點燃焚香然後冥想。我已經完成懺悔，如今我希望找到快樂。

有天，我想起父親過去老是說的一段話：「事情從來不會百分之百正面，也不會百分之百負面。」我花了很長一段時間，試圖從這場悲劇之中找到某種正面意義。在多次冥想後，我明白自己從來沒有真正珍惜過時間。我認為自己掌控著時間，可以把跟兒子談話之類的事情拖到以後再做。在荷克森過世後，我頓悟**明天未必會到來，因為人生在轉瞬之間便可能永遠改變**。每天我都必須盡己所能，因為今天就可能是我的最後一天。我不再有餘裕去浪費時間！

荷克森的逝世，對家中所有人都造成了不同影響。我的女兒凱安受此啟發而鑽研舞蹈，並獲得大學學位。更重要的是，跳舞既是她宣洩哀傷的管道，也是她尋找自我的方式。凱安的畢業專題是一套她為過世的哥哥編排的舞蹈表演，讓家人們全都為之落淚。

我的小女兒凱琳繼續在運動方面表現優異，還曾經考慮加入大學排球隊。她是天生的領袖。我最佩服凱琳的地方，在於她毫不畏懼的追求人生所望。當她決定就讀一家非常高檔的私立學校，或是去瑞士上大學時，她就取得申請書、填完表單，接著以持續不懈、堅定不移的決心去實現目標。

## 格雷西火炬

失去荷克森，讓克朗走上武術的卓越之路。某種程度上，我認為荷克森知道，克朗具備的天賦與能力，足以讓他成為更厲害的鬥士。克朗跟我所有的孩子一樣，整個人生都有在訓練柔術，但他對柔術的興趣從來不像荷克森那麼大。現在是他發光發熱的時刻了。我最小的孩子，看著家中所有人成長的模樣，然後決定了自己想成為哪種人。即使在很小的時候，克朗就已經相當敏銳，而且天生有很好的直覺。

荷克森把我當成唯一的參考依據，但克朗不同，他的人生中有三位重要的女性：他的母親與兩位姊姊。她們給予他不同的觀點，也讓他比我在同樣年紀時更了解情緒。天生的好直覺有助於他發揮柔術，因為它強化了即時回應對手動靜的能力。克朗快速學會如何判讀對手，並讓自己保持在優勢的局面。

荷克森與克朗兩兄弟的個性完全不同。荷克森感情強烈、個性認真，想要證明自己是格雷西戰士；克朗則更善於觀察分析、個性冷靜，想要把事情做對，並且一直保持在最佳狀態。在某次他們的談話中，荷克森對克朗說，他是格雷西家族的一員，他該付出一一〇%的努力，而且無論他選擇去做什麼事情，都永遠不能放棄。荷克森過世後，克朗把那些話牢記在心，如今他的使命，是在格雷西家族的食物鏈階級中，當上新任的頂級掠食者。

為了榮耀荷克森，克朗扛下了巨大責任，並且比以前更重視我以及與家族傳統的連結。克朗冷靜的態度，讓他能做到許多他哥哥做不到的事。他努力訓練、奉行格雷西教條，也會提出聰明的問題，像是壓力、恐懼與勇氣——這些都是他很快會天天面對的事情——讓我對他刮目相看。

克朗蒐集了讓他成為冠軍鬥士所需的一切資訊，然後以符合他目標的方式來分析。為了實現他的天命，他想徹底知道荷克森怎麼思考、我怎麼思考、艾里奧怎麼思考，接著才解讀這套知識體系。克朗嘗試接納在心智、精神與肉體層面的所有資訊，只要他認為那是成功所需的要素。

隨著拿下越多場比賽，克朗也就越來越不在意是否獲勝。在他了解到，無法以一場格鬥的勝負來決定一個人的本質時，他的表現就突飛猛進。**他盡己所能努力訓練，而在參加競賽時，他會接受一切結果**。無論輸、贏或平手，他都會在星期一回到武館訓練，彷彿那場格鬥從未發生。

克朗跟我一樣，從來不想靠分數、體能優勢或裁判的判定取勝，他的目標始終是致勝一擊。在紫帶與棕帶時期，他以降伏技連勝了五十一場比賽。在每場打鬥之後，他會解開道服，親吻他縫在內側的荷克森照片。他在拿到黑帶後輸掉了第一場比賽，但後續贏下柔術界的所有頭銜，接著轉戰綜合格鬥。

當我的父親在二〇〇九年以九十五歲高齡於睡夢中過世時，我與克朗正在歐洲參加歐洲柔術錦標賽（European Jiu Jitsu Championship）。我們在參賽當天得知消息，知道無法返回巴西參加葬禮，於是我們返回旅館房間，舉行我們自己的追悼。我們父子一同哭泣與分享回憶。

艾里奧過世的那天，克朗也在賽墊上展現出祖父的風采，我想艾里奧一定會為之欣喜。克朗以降伏技贏下兩場比賽，在獲得歐洲錦標賽冠軍後，他一如往常親吻荷克森的照片，然後向艾里奧的大型畫作叩首，賽事主辦方掛起那幅畫來紀念我父親。對我們來說，這是一個美麗的時刻，艾里奧與卡洛斯．格雷西的火炬，如今被第三世代的子孫繼承與捍衛。

在父親過世之前，我跟他已經放下與UFC相關的所有不愉快，化解雙方的分歧。我們仍然深深尊敬並愛著彼此，也重拾了父子親情。雖然隨著年紀老去，他對日常生活的記憶開始模糊，但關於他打過的比賽、騎過的瘋馬，以及對惡犬的熱愛，他仍然能如數家珍。

當父親看著我時，他的眼底始終閃動著光芒。我是鬥士，是冠軍，更是格雷西家族的代表，而我父親自始至終都為我感到驕傲。在我退休之後，他仍然認為我是冠軍鬥士。他會問我：「你感覺如何？最近訓練順利嗎？沒人能打敗你！」

接下格雷西家族火炬的克朗與父親希克森。
照片出自：斯特凡．科切夫（Stefan Kocev）

女兒凱安、凱琳雖然沒有走上柔術之路，但仍會與父親一同訓練。
照片出自：斯特凡·科切夫，攝於里約，2014 年

克朗、希克森、艾里奧——鬥士、冠軍，格雷西家族的代表人物。
照片出自：斯特凡．科切夫

# 第10章

# 重生

我花了五年時間使自己與家庭恢復原貌，並接受兒子過世所帶來的傷痛。我們的恢復過程，比起理性或智識，更在於情感與精神層面。回想這段經歷，如今我能看出有一部分的自己已隨之死去，而我也重生為不一樣的人，比過去更珍惜生命的美好與脆弱。在我哀悼與重建自我的這幾年，我不斷尋找能夠讓我再度快樂的理由，最後找到了三個：我的子女、我的家庭，以及柔術。

我總是非常坦白的與自己對話。雖然有一棟漂亮的房子、一個美好的家庭、眾多好友與忠實的學員、一家蓬勃發展的武館，還有一輛車頂放了新衝浪板的新卡車，我卻不快樂且缺乏動力。某天早上，我在空蕩的大房子中醒來，並問自己：「我到底在這裡做什麼呢？」

荷克森過世之後，我與金攜手面對這個危機，讓三個孩子茁壯成長，邁向他們各自的道路。凱安住在義大利，克朗負責經營武館，凱琳則正在念大學。我太專注於讓其他家人都度過悲劇，卻沒有照顧自己；我只是活著，並沒有在過生活。金同樣也只是在撐過這個危機。

**快樂並不是固定不變的東西。你必須透過面對並克服挑戰來努力維持它。**

在與金共同經歷過這麼多事情後，我不想再對她撒謊或出軌。最重要的是，我想回家。沒錯，巴西有著交通、犯罪與貪腐問題。但巴西是我的家鄉。我需要那裡的朋友、美食和激情；對我來說，這些才是家的意義。

我請金來到客廳，告訴她我想離婚。她非常震驚，問我接下來打算怎麼處理。我回答：「很簡單，妳可以拿走所有東西。」

事情後來就是那樣。在我離開之前，我們完成了離婚手續，我把位在帕西菲克帕利塞茲的房子、巴西的農場，以及里約的公寓，全都轉讓給金。我突然決定離婚並搬回里約，讓我的孩子難以接受，因為他們認為我拋棄了他們與母親。雖然我能理解他們的看法，但我也必須搞清楚自己希望用餘生做些什麼。

當我搬回里約時，我對自己發了一個誓：在支付私立學校學費、房貸與車貸這麼多年後，現在我賺的永遠要比花的多——這聽起來像是最基本的道理，但在信貸寬鬆的世界裡並非如此。如果你每個月賺一百萬，卻花掉一百二十萬的話，你永遠無法脫離財務困境。更重要的是，如果以金錢為核心來打造生活，你很容易會走上死路。

舉例來說，如果你想住在加州馬里布，買一棟房子至少要三百萬，而那只是開始。過沒多久，你會想要買一輛保時捷，因為所有鄰居都有。接著你會想把孩子送去最好的私立學校，因為他們的朋友都在那裡上學。隨著期望持續提升，你所擁有的事物，反而會慢慢開始掌控你。幾年之內，你一年得賺的就不是五百萬，而是一千萬。當金錢變得比快樂更重要時，你就錯過了人生，因為你無法放下戒備來享受生活。金錢是一個奇妙的東西：它能為你帶來自由與快樂，但也能造成痛苦與焦慮。現在，我決心要找到一個健康的平衡點。

當我返回家鄉時，我感覺自己像是個觀光客，因為有太多事情已經改變。大多數的日子，我會在早上去海灘，做自己每天的健身課表與衝浪。衝完浪後，我會坐進沙地，思考未來要做什麼。有時我會想，在海邊開一個小吃攤賣魚與啤酒或許不錯；有時我則考慮是否再開一家柔術館，甚至是去打最後一場綜合格鬥賽。但當我真正認真思考時，我明白自己並不想經營小生意、開武館或是再去格鬥。那些都只是我熟悉的道路，雖然能夠讓我過日子，卻無法激勵我，或讓我重新振作。如果想重回最佳狀態，我的心智、意志與精神必須保持一致。

## 我能聞出誰是老虎

一直以來我都很喜歡舉辦研討會，我認為它們很刺激：跳入一個陌生的環境，必須快速了解那些未曾謀面的學員。當我決定要開展教學研討會的事業時，我聯絡了世界各地的朋友與學員來幫忙牽線。對我來說，重點在於一開始不要操之過急，這樣我不只可以全心投入每一場，也能在下一場活動開始前，有充分的恢復時間。但過不了多久，我就開始到各地去旅行——從歐洲到澳洲，指導各行各業、能力不一的學員們。

舉辦研討會最大的挑戰之一，在於如何管理自尊心。想了解人們如何表達自我，通常可以從他們對待他人的方式看出；在武術界更是如此。每一場研討會，我都會快速的觀察學員。有些人態度友善，因為他們是粉絲；有些人則較為謹慎，因為他們雖然對柔術好奇，卻尚未相信它的能耐。還有些人略帶敵意，因為他們想來挑戰我，希望靠著擊敗我來博取名聲。

絕大多數的學員都非常有禮貌，且很高興有這個機會來學習。那些態度謙遜且天生充滿好奇的人，是最好教的一群，因為他們的心智能接納新事物。要讓已經做錯幾十年的人重新學習則比較困難，但只要有心，心智與肉體都會跟上。

有時候，我不能只靠和善或溫柔待人，必須扯隻胳膊或勒個脖子來證明我的論點。**高自尊時常會附帶著思想僵化**。有時候，學員把自己封閉得太嚴重，我得先打破他們的外殼才能順利指導。要做到這一點，我不能單憑口說，而是要向他們展現我教學的內容有效。

有次我在阿拉巴馬州舉辦研討會，大多數學員都穿道服，但也有些人穿著T恤與短褲。其中有個站在柔術墊邊緣的大漢，全身上下穿著迷彩裝，盯著我的模樣像是我欠了他不少錢。整場研討會期間，他始終面帶不悅，而且明顯沒興趣學習柔術。

在每場研討會的尾聲，我會邀請學員跟我對練。我們從跪姿開始，即使有的對手會積極求勝，用盡辦法嘗試擊敗我，但其中九五%的比賽都非常友好。輪到那名迷彩裝男子上陣時，他甚至沒脫靴子就踏上柔術墊。我一說「開始」，他立刻使出全力攻擊。我不介意對手蠻幹，但在迷彩裝男子開始抓我的臉時，他的行為就越線了。我試著不要露出怒意，因為我不想破壞氣氛，讓自己淪落到跟這種人同樣低俗，不過尋釁滋事得付出代價。我一語不發，拉扯他的手臂，直到他發出尖叫。

另一次，我在巴黎為幾百名學員舉辦大型研討會。柔道在法國極為風行，房間裡不少人的有著菜花耳（cauliflower ear）與歪鼻子[1]，而且在柔術墊上表現得輕鬆自在。大家都非常友善且反應良好，除了一名魁梧的柔道家，整整三小時都沒有笑過。

通常情況下，我會跟所有人對練，但這場研討會人數太多了。當我問：「誰想和我對練？」所有人都舉起手。我挑了看起來最強悍的三十人，其中當然包括那名柔道家，而且我把他留到最後。即將輪到他的時候，他已經迫不及待，甚至在我前一名對手還沒完全認輸之前，就搶先站上墊子。我以一記不平衡摔技引誘他，當他伸直手臂抵擋時，我便用臂鎖技逮住他。這名柔道大漢不到十秒鐘就認輸了，而且非常生氣。他要求再戰一場，但我叫他回去坐好。

那場研討會結束後，在我開車回飯店的路上，我的法籍經理轉頭問我：「希克森，你是怎麼知道要挑哪些人出來對練？」我回答：「不管他們怎麼努力掩藏斑紋，我都能聞出誰是老虎。」

法籍經理笑出聲，說那名柔道大漢曾經參加奧運，過去幾年一直很自以為是，說柔術完全沒有能力對抗他。

在生活中，隨時都會有像那名柔道大漢的人出現，面對他們的自大與傲慢時，重點在於不要以自大與傲慢回敬。**我並未以他預期中的方式應對，所以是我決定了這場衝突的規則**，並且輕鬆擊敗他。

1 譯按：菜花耳為耳殼受傷並累積血腫後變形，產生花椰菜外觀的纖維軟骨組織。歪鼻子則是鼻骨斷裂後，未正確復位就癒合的結果。兩者皆常見於搏擊運動選手身上。

## 柔術的本質：無形

作為一位老師，對我來說研討會雖然疲憊，卻也令人振奮。許多人都可以教你臂鎖與勒頸的技巧，但我是以一種更全面的方法來指導。**要學習我的柔術，你必須感受它。**這就是為何我把我的修練稱為「無形柔術」（invisible Jiu Jitsu）。我相信**唯有在學員感受到基底與連結之類的事情後，他們才能加以了解這項藝術**。

如果沒有掌握隱性知識與基本原則，學員有可能學會了天底下的所有技巧，卻仍然不清楚柔術的本質。舉例來說，許多學員幾十年以來都把頸橋（後彎頸部成拱橋狀的逃脫法）做錯了。在我向學員們展示哪邊做錯，以及要在哪些地方做出細微調整後，他們在離開時軍火庫便多了一項新武器，而且心底增添的那股力量感，是他們在遇到我之前未能享有的。這使我作為一名教師覺得非常滿足。

雖然舉辦研討會對我來說很有意義，但在我重新栽入柔術世界時，我並不喜歡自己看到的發展。各種競賽以及規則，已經把我們的武術轉變為運動與娛樂。頂級的柔術比賽選手，有可能一天要苦戰五場比賽。如果他可以依靠分數領先，然後把比賽時間拖完的話，他何必在第一戰就用盡全力呢？許多現代參賽者會採用聰明的戰略，把風險縮到最小，並讓競技回報最大化。他們變成維持優勢的專家，但是動作的流暢與多變性，臨場發揮的來回交鋒，這些勞斯與我曾經擁有的素質，正是過去參賽者都具備的一小部分能力，現今也該是如此。所以我為克朗感到驕傲，或許就像我父親為我感到驕傲那樣，因為他在重要的柔術賽事冠軍戰，都是以對手認輸取勝，從未依靠分數。

我在各場研討會之間有充裕的時間待在巴西，思考要怎麼讓這個社群更緊密結合。雖然我欽佩頂級的柔術比賽選手，把他們視為優秀的運動員，但我並不認為他們是紮實的武術家，因為他們忽視了武術中的自衛層面。現實生活中的打鬥變幻莫測，你的目標常常只有存活下來。

在面對多人一擁而上的情況，不管是我、海豹部隊的喬可·威林克、馬克·科爾或任何人，做法都沒有差別，唯一的選擇是戰略性撤退。我在十七歲時碰上了類似狀況，當時我去巴西南部參加狂歡節。我們站在夜店前面跟女生聊天，有個傢伙偷襲我，我還擊之後整個鄰里開始圍攻我，轉眼間有二十個傢伙在後面追著。

群眾中有人朝我的頭部扔了一大塊木頭，我差點來不及舉起手臂擋開，但我同時也明白，只要我犯下任何錯誤，我就會陷入大麻煩。我只是持續狂奔與打鬥，一做再做，直到這群暴民累到放棄。雖然過程中我幾乎沒有真正用上柔術，但我受過武術訓練的思維，是讓我脫身的關鍵。

我不在意學員是否只對柔術的競賽層面感興趣，但每個藍帶生都必須知道如何擋開揮拳、進入扭打，以及把對手拖到地面並加以控制。更重要的是，他們必須知道怎麼運用防守姿勢，來抵禦現實生活攻擊事件中的拳打與頭錘。

這麼多年以來，我首度重新感受到人生有目標。如今我希望我人生中的一切——跟陌生人聊天、開展新計畫，或是舉辦柔術研討會——都存在意義。我拒絕在我認為沒價值的事情上浪費時間，我把其他人對我的期望拋諸腦後。

辦完幾場研討會後，我便買下了一輛便宜的車，並搬進海灘附近的公寓。因為只花掉了賺來的五%，所以未來很快就能在我最喜歡的海灘附近，支付頭期款買下一間小房子。我開始在生活中再度感覺到愉快。

## 這是為了「免受強者欺凌」的武術！

一天晚上，我跟一位朋友參加山塔那合唱團在里約舉辦的演唱會，看見一名拿著機車安全帽的美女站在附近。我沒有走近她，但目光交會時，她對我露出了微笑。演唱會結束後，我去到伊帕內馬海灘，在我最喜歡的一家餐廳吃披薩，剛好又看到那名在演唱會對我微笑的女士，正在跟她的家人一起用餐。

我不相信巧合，所以我走向她自我介紹。她叫做卡希雅（Cassia），是大學生。用餐結束之後，我帶卡希雅與她的家人到我朋友開的夜店。當晚我們一起跳舞，隔天又一起去海灘。我們試著不把事情看得太認真，讓彼此都有空間去追求其他發展，但我們仍迅速墜入愛河。

搬進卡希雅的公寓時，我非常認真經營這段關係，因為我已經不想再浪費任何時間與精力。卡希雅是獨立自主的女性，有自己的職業與抱負，我們常常分隔兩地，但我們從來不會發生出軌、嫉妒或懷疑。遇見卡西亞後，是我多年來第一次感到幸福，這也啟發了我重新改造柔術。

我在巴西的日常支出非常低，舉辦一場研討會的收入，足以支應我六個月的生活。這讓我有很多時間來思考怎麼改善柔術。起初我夢想著團結柔術社群，為此我創建了全球柔術聯盟（Jiu Jitsu Global Federation）。回想起來，我太理想化了。我謹慎的包容各界意見，集結柔術界最厲害的實戰人士、教師與政界元老組成委員會，協助指引我們發展。別的不說，我深信我們至少能提出更好的賽事規則，將各種技巧與升階的測試標準化，並進行其他有助於鞏固與提高此項武術認可的實用事宜。

我認為發起全球柔術聯盟的最佳地點是美國，於是在我跟卡希雅結婚之後，兩人於二〇一二年搬回美國。她在美國生活了一段時間後，很佩服這裡諸事都能順利運轉，而且社會比她的家鄉文明得多。當時的巴西處於艱困時期，每過一年似乎都變得更暴力與更紛亂。我們都想搬去美國，並在加州帕洛斯弗迪斯（Palos Verdes）找了一棟房子。

二〇一三年秋季，我聯絡了自己最信賴的黑帶教練與學員，到雷東多海灘（Redondo Beach）參加一場為期兩天的閉門會議。在我們享用美好的晚餐並歡聚之後，我吹了聲口哨，宣布會議開始，誠懇對大家發言：

「我們的文化，柔術的文化，正在遭受攻擊。格雷西已經變成了少數派，而且我們的風格正在消失！我們的體系從前是設計來給弱者使用，藉此保護自身免受強者欺凌！基因上具有天賦的人，並不是我們發展該體系所瞄準的對象。漂亮的獎牌與花俏的翻滾，跟現實生活毫無關係。如果你不懂自衛，你就不懂柔術。你必須準備好保護自己，抵抗來襲的拳打、鎖頭技或熊抱。如果你做不到，你就只是有一對大耳朵又擅長抓握的硬漢，依賴體能來獲得勝利。這不是格雷西柔術！」

後續兩天，我們檢視各種自衛技巧，並討論該怎麼恢復柔術在武術意義上的功能。

希克森與啟發他改造柔術的妻子卡希雅。
照片出自：卡希雅・格雷西

雖然順利起步，也博得許多正面報導，但自尊與既得利益很快就形成阻礙。我們越來越難定義出一個共同目標，更別說實現了。

其中一個問題在於，柔術分裂成互不交流的各種派系，共同訓練的狀況更是罕見。在過去，柔術鬥士不只會為有道服與無道服的競賽做準備，也會參加無限制格鬥賽或綜合格鬥賽。而現代的柔術世界，許多參加道服和無道服競賽的鬥士，只會進行擒拿賽，不會去打無限制格鬥賽或綜合格鬥。自衛技巧對這些人來說毫無意義，因為它不能幫助他們在賽事奪冠。不過最大的問題是人們從柔術賺到了太多錢，因此不想破壞現狀。

在我面對現實，明白自己無法成為整合柔術界的那個人之後，我發現我所擁有最貴重的東西，就是我的知識與經驗。於是我開始調整願景，因為與其深陷政治內鬥，我對服務人群的意願更高。最重要的是，我想推廣某種正面且對其他人有幫助的東西——某種我能引以為榮的東西。一旦我致力於服務人群，事情便開始自然而然的走上正軌，因為這跟我自己的人生進展相契合。

隨著年紀接近六十歲，身體畢生所承受的嚴重耗損，已經開始對我造成困擾。我不只在背部與頸部有椎間盤突出，肩膀也有毛病，髖關節更是已經完全磨損，需要替換。我試圖隱忍疼痛，要以意志力撐過去，但後來走路變得越來越困難，更別說練習柔術了。

在做完髖關節置換手術後，我欣然接受恢復與復健的過程，並把物理治療當成我的全職工作。以我這樣的年紀來說，我的恢復速度很快，沒多久就能重新踏上柔術墊。我相信我能快速恢復的理由，不只是來自醫師或物理治療師的本事，也來自我終生鍛鍊武術而造就的思維與習慣。這次的經驗使我了解到，柔術不只需要開放給運動員與鬥士修習，更該讓所有人都能輕易體驗。

到目前為止，我大多數的學員是精英運動員，他們領先群雄，高居食物鏈的頂層。老化的過程讓我明白，**對體格嬌小、不擅長運動又缺乏自信的初學者來說，格雷西柔術正是為了他們而發明**——要走進現代任何一家武館開始訓練是多麼困難的一件事！長出一對大大的菜花耳，不斷承受痛苦，被穿著臭道服的大個子坐在你臉上，這些都不該是學習柔術的先決條件。

過去，我父親會要求學員先上完四十堂私人課程，才准許他們加入公開的團體班。艾里奧相信，**柔術不只是學習如何打鬥，建立學員的自信也同等重要**。現代學員在嘗試學習柔術時，所遭遇到的挫折、受傷與自大，會嚇跑大多數人。更糟糕的是，這個過程會排除掉弱小與缺乏自信者，而他們正是最需要柔術的人。

如今我的目標，是創建一種能夠讓整個人自立自強的柔術形式，無論是在柔術墊上或之外。如果我能讓一個緊張的人，感受到從未體驗過的放鬆，那麼在某種意義上，我對他內在所造成的改變，是精神科醫師或藥物永遠無法做到的。

衝突會以各種型式出現，肢體只是其中一環。有人的地方就有衝突，大家都會採取不同的策略來應對。現代敵人發動攻擊時，可能是利用一則簡訊、一封電郵或一篇社群媒體貼文。隨著即時通訊發展，許多無心的負面後果也跟著演進。

五十年前，十歲男童進自己房間只是為了睡覺，因為他在外頭玩了一整天。來到現代，如果家長不夠小心，他們的孩子就會一整天都單獨待在房裡。我們不能排除科技，但為何放任科技把我們變成肉體退化、只有大腦在運作的人呢？

科技帶來最嚴重的副作用之一，是它導致人類的直接互動減少。由於我們可以透過螢幕來滿足幾乎所有的欲望，包括食物、娛樂、友誼與性愛，許多人已經惡化到害怕當面互動的地步。世上有許多事情無法在螢幕上體驗：跳進寒冷的河川、從大浪的浪頂滑下、在雨中漫步……這些只是其中一二。

更糟糕的是，社群媒體為懦夫提供了一個舞臺，讓他們能潛藏在網路的陰影之中，講出永遠不敢當面說的話。拳王麥克．泰森（Mike Tyson）把這種狀況描述得最貼切，他說社群媒體使人們「太安心去貶低別人，不擔心會因此被人在臉上揍一拳」。

如今我試著**把柔術當成一種工具，用來傳授耐心、希望、策略、情緒控制、呼吸**與許多其他事情，其中完全不涉及衝突與競賽。這樣做能讓那些最需要柔術的人們，學到這項武術可見的與無形的層面，進而幫助他們在日常生活中過得更好。

我已經發展出一套訓練流程，讓學員可以在互相合作而非彼此競爭的環境下，學到並練習柔術的各種動作與技巧。我可以指導其中最關鍵的無形概念，例如基底、時機、體重分配與連結，而且不會造成太大的壓力。在這種類型的課程中，我可以讓兩名初學者格擋拳擊與過臀摔。你的訓練夥伴是來幫助你的，而不是要和你拚命。

基底這個概念，反映在格雷西柔術的三角形標誌上。如果推一顆球，我的能量會投射出去並使它滾動。如果推一座金字塔，它會保持不動，因為它有強大的基底。就算我丟擲它，它也始終會以穩固的基底落地。如果我的基底穩固，代表我隨時準備好移動並把握機會，不管是架開對手的能量或用來反擊。如果我同時擁有基底與連結，對手將會被迫落後於我的所有舉動，就像是在追逐彗星的尾巴。

我可以將武術的概念融入任何人的生活，並展示如何激發他們的無形力量。

我相信柔術對現代人格外重要，因為它強迫我們跟其他人類彼此連結。這正是為何我相信自己最重要的使命，是利用柔術修練來讓大眾重拾人性。學習如何呼吸、肢體接觸、交戰、脫離與解開纏鬥——這些原始的過程，需要人們**信任自己的感官勝於思考**，這樣做能使他們**重新連結到自己的身體**。

## 一期一會——創造連結

如果走進一個擠滿人的房間，我所做的第一件事，就是跟房間裡的能量進行連結。我可能會感受到快樂、羨慕、怒意、欽佩、天真、愛、稚嫩——無論裡面存在哪種能量，如果我讓感官發揮作用，我就能捕捉到。如今，我的生活都建立在自己如何與周遭人群和環境建立連結。這通常會從一個問題開始：「我為什麼要做這件事？這值得我花費精力嗎？」如果我無法給出正面的回答，我就會斷開連結並且脫離，然後回家餵院子裡的動物，或是去遛狗。

當我們搬進帕洛斯維德斯的房子時，我特地讓鄰里間的動物都能自在穿梭我家的院子。幾個月之內，我就跟松鼠、浣熊、烏鴉與藍樫鳥（跟之前不同一隻）成為朋友。不過我有一個敵人：有一隻野貓一直試圖殺掉鳥兒。我不喜歡貓，我認為牠們自私、狡猾又惡毒。

起初我試著用水管噴水嚇走牠，但牠太聰明了。有個冬季，陰雨連綿的寒冷天氣持續好幾週，卡希雅看到那隻貓沒有棲身之處，一副濕淋淋的悲慘模樣，於是拿出我家的狗用旅行箱擺在外頭，讓牠能用來遮雨，後來牠便開始在那個旅行箱裡面睡覺。

有天，我們發覺那隻貓幾乎無法走路，因為牠有一隻腳嚴重受傷。下一次牠進到旅行箱時，我關起箱門，帶牠去看獸醫，診斷結果是牠跟浣熊打過架。獸醫治療完後我帶牠回家，並且在車庫門上切出一個洞，讓牠可以在室內休息與復原。狀態改善之後，或許是因為那隻貓感激我們的付出，後來牠就停止騷擾鳥群。牠也變成我最好的朋友，改變了我對貓的看法。我們替牠取了名字叫「生薑」（Ginger）。

這隻貓強化了我的信念：**連結越深刻，人生就越充實**。日文有個詞叫「一期一會」（ichi-go ichi-e），粗略的翻譯是「一輩子只有一次」；可以用來表示一場朋友的聚會、一頓特別的大餐、一個特別精彩的衝浪日，但其中的涵義是**品味這一刻，因為它永遠不會再出現**。我很認同這個觀點，相信如果你把人生的每一刻，都當成獨一無二的機會，你將活得更認真也更充實，因為你會把自身的能量、聲音與感官，發揮到百分之百。

隨時把這一點謹記在心攸關緊要。舉例來說，如果我開車去機場，準備飛去日本，

「連結越深刻，人生就越充實。」凱琳與希克森，2014 年。
照片出自：斯特凡．科切夫

這時候我的女兒凱安打電話過來，對我說：「爸！我需要跟你談談！」過去的希克森會說：「寶貝，我在日本下機之後就立刻回電給妳。」現在的我則會靠邊停車，她需要跟我談多久都行。如果我錯過飛機呢？管他的飛機！總是會有另一班飛機，但我不想未來才後悔當初自己沒接聽女兒的電話。

我仍然喜愛日本，不只是為了生意，也因為我在身為鬥士的那段歲月，跟日本及其文化深深連結。許多厲害的鬥士都曾在日本格鬥，但很少有人像我這樣，與日本人建立了深厚的聯繫。即使到了今天，當我去日本時，人們甚至會帶著自家嬰兒參加我的公開活動，請求我把手放在嬰兒的頭上給予祝福。有一次，我在記者會上接受日本大型雜誌社之一的記者提問。對方說：「格雷西先生，我只想請教您一個問題。您會怎麼跟北極熊打鬥？」我沒有笑，而是真心思考了一會才回答。

我說：「這是一個好問題。我沒打算跟北極熊打鬥，也沒想過相關的策略。但我能確定一件事！當這場打鬥結束之後，我會有一張漂亮的熊皮、一大堆肉，以及一條熊牙項鍊！」

最後一次去日本時，我受邀參加一個電視遊戲節目。節目的形式很單純：醫師會在你腳上的穴位按壓，如果能撐過三十秒，你就贏了。之前從來沒有人贏過。當我來到拍攝所在地的飯店時，攝影機已架設完畢，醫師也已經抵達。他身材矮小，不過前臂很大，手指短而粗壯。我要求給我幾分鐘做準備。

當我開始例行的呼吸流程，讓自己進入打鬥模式時，我立刻感覺自己的榮譽面臨危險。如果我在真正的打鬥之中被一記關節技逮住，就算因此手臂或腳踝被折斷，我也不會拍地投降。我的字典不存在放棄或退賽。但一想到上電視，得面對幾百萬名觀眾，便增添了更多壓力。

製作人說出「開始！」時，我在心裡對自己說：**混帳，把我的腳切斷吧，我要拿下勝利回家！拿下勝利，媽的！拿下勝利！**在我意識到之前，一道鐘聲響起，三十秒已經過去。那名醫師非常佩服我，並開始懷疑自己沒有對準穴位，因為我一聲都沒吭。當他問我是怎麼做到時，我表示我讓自己像是在進行打鬥時那樣保持專注，因為我從來不在格鬥中退賽。

我對他說：「恕我直言，我剛剛沒有把你當成醫師，而是把你當成我在格鬥賽中的對手。我預期會有疼痛，而克服疼痛已深植在我的思維裡。」後來當我站起來時，我幾乎沒辦法走到電梯。**人類的心智具有難以置信的潛能，但你必須深深挖掘才能找到**。只要有奮鬥的理由，我可以忍受任何肉體疼痛。這是我在武術訓練與打鬥經歷所留下的寶藏，但如今它已是我靈魂中的一部分。

目前，即使在我狀態最好的日子，我作為鬥士的能耐可能只有過去的五%。但我的無形力量凌駕於肉體，將會永遠是我的一部分，直到我死去。這也就是為何柔術對我來說，遠不只是用來打鬥。**柔術是教導人們了解自我的工具**。

看到柔術廣受歡迎，為許多人造就蓬勃商機，雖然令人欣喜，但這跟我所教導的柔術完全不同。在我的學員當中，有九八%的人每週訓練兩到三天，嘗試把基本技巧做到完美，然後在公平的競爭環境下加以測試。驅使我教導柔術的理由，是幫助我的學員，讓他們成為更好的人，而非只是粉碎機般的健將。

柔術是我的哲學，是我不容侵犯的榮譽，是我的家族傳統。柔術使我有足夠的堅韌去寬恕他人，並且自信到能夠為信念而戰。

終章

# 表揚智慧的紅帶

二〇一二年搬回美國時，我跟哥哥荷里昂和解了。儘管經歷過許多不愉快，但我仍然想念他。我們在人生中共同度了很多時光，而至今還是沒人能像荷里昂這樣讓我大笑。現在我們不怎麼討論柔術或商業上的問題，而是開懷暢談往事：艾里奧與他那些瘋狗；他帶著一個嬰兒跨著馬鞍，騎在鐵軌旁邊；我們與親戚在特雷索波利斯共度的美好時間。我愛我的哥哥，但人不會改變；荷里昂仍然是荷里昂，有時候他的行事作風，像是還把我當成五歲小孩，那個能夠被哄去擦亮他的腰帶扣與皮鞋的孩子。

二〇一七年，我正在拉斯維加斯舉行一場研討會。當我正在展示如何突破防守時，房間後方出現些許騷動，讓我的學員開始分心。我試著忽略騷動並繼續教課，直到我聽見一個熟悉的聲音說：「希克森，你確定這招是這樣做嗎？」

我抬起頭，看到荷里昂，在他身後則有我的弟弟荷伊勒、表親基恩．雅克與卡洛斯．馬查多、舊學員佩德羅．紹埃爾與卡洛斯．華蘭迪（Carlos Valente）、我父親的學員艾拉羅．巴瑞托（Alvaro Barreto），以及許多其他朋友。

這個意外驚喜讓我相當感動，在我試著整理思路時，荷里昂開始對群眾說話：「自從柔術的爆炸性發展之後，大眾需要像希克森這樣的人，在全世界開設課程，改變人們的生活。」我的腦袋不停轉動，試圖搞懂我哥暗中在策劃什麼。這次的致敬來得太突然，卻又執行得非常流暢，令人很難相信是真心誠意，對吧？

荷里昂接著說：「當我們發現希克森會過來拉斯維加斯時，我們決定要在這裡給予他紅帶。」

荷里昂從他的道服內拿出一條紅帶——這是柔術中最高階的段位——然後擁抱我，開始把紅帶繫在我的腰上。

我感覺自己左右為難。看到朋友與家人的認可，讓我感動又光榮，但我知道自己還太年輕，不該繫上紅帶。無論達成了什麼成就，根據家族的傳統，我必須成為黑帶四十年以上，才有資格繫紅帶。我吹了聲口哨，要大家坐下。「我的資格還不夠。」我解釋道：「我不希望自己變成特例，我希望自己受到正常對待。」畢竟，我想要跟大家一樣照章行事，藉此團結柔術社群。

當我說自己會把紅帶收進保險箱裡時，我的兄弟們一致反對。荷伊勒剛要說話，荷里昂就打斷他，並宣稱：「因為我說你是紅帶，你就該繫上紅帶……」我知道跟荷里昂爭執毫無意義，所以我親吻兩位兄弟，決定單純跟家人與朋友享受這一刻。我希望今天所傳遞出的訊息——給所有在場者留下的印象——是團結柔術社群的重要性，以及它所具備的力量。

我說：「目前對我們來說，最重要的事情是恢復格雷西柔術的傳統，在所有武館內引進自衛術，敦促黑帶生服務初學者，並確保柔術社群能幫助大眾，改善他們在生活中運用武術的能力。」在這一刻，我的淚水已比話語更快湧現出來。對於獲得紅帶，雖然根據我內心的個人準則有些抗拒，但我仍然不禁落淚，因為我被這場愛與支持的展現深深感動。我快速結束了發言：「我現在激動到難以自持，需要讓心情稍微沉澱一下。謝謝大家。」

研討會結束後，我決定不繫紅帶，把它放進保險箱，等我六十五歲再繫上。我不能繫著自己配不上的腰帶。傳統上要求紅帶必須在成為黑帶四十五年之後才授予有其理由：紅帶是用來表揚你歷經歲月獲得的智慧，以及終生投入格雷西柔術的功業——這比你在擂臺內獲得的勝利更重要。

我的整個人生都在戰鬥，從獲得黑帶之前的比賽，到挑戰賽與內部賽事，從柔術到桑搏，從角力到無限制格鬥。當人們問我打過多少場比賽時，我已經記不清了。數字對我來說無關緊要。真正關鍵的是，我永遠在前線以身作則，並且全心全意的代表柔術。

或許我不再上臺戰鬥了，但我永遠會是一名武術家。

# 致謝

首先，我要感謝艾里奧與卡洛斯．格雷西，創建了我們家族的武術。我也要感謝奧蘭多．卡尼，教導我人生中最重要的一些教訓。我想謝謝我的妻子卡希雅，提供我愛與支援。我的弟弟荷伊勒是我最重要的支持者之一，我永遠會在心中為他保留一個特別的位置。至於我的哥哥荷里昂，儘管多年以來我們存有歧見，不過他教會了我如何指導學員，並在柔術與綜合格鬥在全球取得成功的過程中厥功甚偉。我也想謝謝我的前妻金，我過世的兒子荷里昂，我的女兒凱安與凱琳，以及我的兒子克朗，提供我愛與支援，尤其是在東京巨蛋的時候。

我要感謝我的朋友塞吉歐．茲維特，為我提供明智的建言。我也要謝謝同意讓我使用照片的老友們，包括布魯斯．韋伯、長尾迪與馬可仕．普拉多。我想謝謝喬可．威林克為我撰寫推薦序。最後但同樣重要的是，我要謝謝我的老友兼學員彼得．馬吉爾，他不只協助我撰寫本書，也讓我了解到過去不曾了解的事情——關於我自己以及在美國的格雷西家族。

# 術語詞彙表

**美式鎖（americana）**：一種降伏技，以單手抓住對手手腕，另一隻手繞過對手手臂下方，然後抓住自己的手腕。由於對手手肘朝下，你可以利用自己的抓握，來同時推下對手手腕並拉高對手手肘。也稱為腕部扣鎖、彎臂鎖、土耳其十字固（turkeybar）與腕緘（ude garami）。

**腕十字固定（arm bar）**：一種關節技，使手肘關節過度拉伸。也稱為臂鎖。

**基底（base）**：關於重心的平衡。一個難以被拋摔或絆摔的人，我們都會說他擁有「良好的基底」。

**腰帶段位（belt）**：在柔術中有五個[1]腰帶段位：白色（branca）、藍色（azul）、紫色（roxa）、棕色（marrom）、黑色（preta）、黑紅色（cor coral）與紅色（vermelho/vermelha）。

1 譯按：原文寫五個，實際列出七個。黑紅帶與紅帶，主要是多了年資與黑帶高段的條件。

**橋式（bridge）**：見頸橋。

**勒頸（choke）**：一種降伏固定技，在頸部施壓，阻止頸動脈的血液流入大腦。

**勒昏（choke out）**：將對手勒頸到昏迷。

**扭抱（clinch）**：一人抱住另一人的姿勢，抱住的位置在手臂上方或下方都沒關係。在柔術中，扭抱通常會是抱摔的前一招。

**扭轉（crank）**：跟必須精準施展的臂鎖技不同，扭轉是任何施力轉動對手身體部位至不自然的位置，意圖引發疼痛的動作。由於這有造成嚴重受傷的風險，尤其是對頸部與脊椎，因此扭轉在巴西柔術圈常被禁止使用，並視為缺乏運動精神的行為。

**逃脫（escape）**：讓鬥士逃離降伏固定技或其他不利姿勢的任何行動。

**道服（gi）**：一套純棉的制服，包括褲子、上衣與腰帶，柔道與柔術的修練者都會穿著。

**地面打擊（ground and pound）**：在早期綜合格鬥中，摔角手由於缺乏降伏技術，於是首創了這種格鬥方式。摔角手會把對手拖到地面，維持在上位，然後從防守、側面控制或騎乘姿勢中發動攻擊。

**防守姿勢（guard）**：一種在背部貼地的狀況下，用雙腿纏住對手軀幹的姿勢。它在攻擊與防守時都能使用。

**斷頭臺（guillotine）**：一種勒頸技，把對手的頭部與頸部困在自己的腋下，其中一隻前臂繞在對手頸部下方，然後抓住另一側自己的手腕，接著往上拉扯。如果成功執行，這個招式能產生巨大的壓力。

**反派（heel）**：職業摔角中的惡棍角色。

**腳勾（hooks）**：在壓制對手背部後，以雙腳施展的各種動作，用來控制對手雙腿，使得他們無法轉身並甩開背上的你。

**刺拳（jab）**：前手快速揮出攻擊，時常用來削弱對手，並作為更強勁拳擊的鋪墊。

**木村鎖（kimura）**：一種臂鎖技，中招者的手臂被扭到他們背後，如果鬥士拒絕投降，將會導致手臂折斷或肩膀脫臼。在日本運動員木村政彥對艾里奧使出此招之後，便以木村之名來為它命名。

**擊倒（knockout）**：以打擊技（腳踢或拳打）將對手打至昏迷的行動。

**騎乘（mount）**：一種占優勢的柔術姿勢，你坐在對手上方，雙腿跨在他們的軀幹兩側。

**突破防守（passing the guard）**：從對手的防守姿勢中逃脫，轉為側向控制、騎乘或半防守（half guard）的姿勢。

**勾拳（punch〔hook〕）**：一個弧形的彎臂拳擊，從對手的側邊進行攻擊。

**直拳（punch〔straight〕）**：以主攻的那隻手，揮出的一記精準重拳。

**上勾拳（punch〔uppercut〕）**：由下而上的彎臂拳擊，時常能擊中對手的下顎。

**背後勒頸（rear naked choke）**：一種臂式勒頸技，從對手的背後施展。也稱為「殺掉獅子」（巴西葡語 mata leão）、裸絞（hadaka jime）與窒息式固定（sleeper hold）。

**對抗練習（rolling）**：柔術與其他擒拿風格武術常用的一個術語，意思是對練。進行對抗練習時，雙方會彼此嘗試降伏對方。

**側向控制（side control）**：一種雖然占據上位，卻跟對手呈垂直角度的姿勢。也稱為側向騎乘（side mount）與交叉側控（cross-side）。

**重摔（slam）**：把對手舉高然後摔到地面，有時會把人摔到昏迷。

**撲壓（sprawl）**：一種對抗抱摔的防禦。雙腿向後伸展，腰臀下沉，並撤離攻擊你的人，使得他們難以接觸到你的雙腿，藉此取得優勢的姿勢。

**降伏技（submission）**：任何能強迫對手認輸、受傷或昏迷的固定技。

**絆摔（sweep）**：在柔術中，各種能讓下位者跟對手反轉位置，轉而占據上位的技巧，例如剪刀腳絆摔（scissor sweep）。

**抱摔（takedown）**：任何能把對手拉到地面的技巧，例如拋擲或絆倒。

**雙腿抱摔（takedown〔double-leg〕）**：就像是進行擒抱，低下頭，用手臂勾住對手膝蓋後方的兩隻腿，然後對上身施加壓力，迫使對手跌落地面。

**單腿抱摔（takedown〔single-leg〕）**：跟雙腿抱摔類似，不過手臂只勾住一隻腿。

**控制背部（take the back）**：穩固自己處在對手背後的姿勢，目標是把雙腿纏在對手的腰部，用你的腳掌當成鉤子。

**拍地認輸（tap, tapping）**：用手拍打地面、地板或柔術墊，表示你願意認輸的舉動——起因是降伏固定技造成的疼痛，或者出於疲憊。有時候人們會改為拍對手的身體，如果雙臂都無法動彈，甚至會用腳掌拍地示意。

**三角鎖（triangle choke）**：使用雙腿纏住對手的脖子。

**UFC（Ultimate Fighting Championship）**：格鬥運動之中最大的品牌，也是驅動現代綜合格鬥的背後力量。

**下勾鎖（underhook）**：四肢其一位在對手四肢其一之下方的任何姿勢，例如在扭抱時伸到對手一隻手臂的下方。

**頸橋（UPA）**：背部貼地時舉高臀部，一般是在處於騎乘姿勢的下位時，用這一招來嘗試製造空間，但它也能成為其他逃脫技的一環。也稱為橋式。

**劇本（work）**：指預先安排好結局的格鬥賽，也被稱為「打假賽」。

【附錄】

# 希克森呼吸法——配合動作，產生流動

呼吸必須隨著動作流動。

你可以用每四到五秒的頻率完成一次吸氣、吐氣；或者更慢（十到十二秒）、更快（一秒）也無妨。

如果我要裸絞對手（或是抓住某個東西），需要用盡全身的力量，我就會讓空氣填滿自己的肺部；然而，在肺部充滿氣後，這時如果你選擇憋氣、停止呼吸，那麼力量就會在某個時刻（沒氣的時候）跟著一起洩氣。

為了保持發力，我會以較短的呼吸方式，且不會完全將氣吐完，讓肺部隨時充滿張力，使自己能維持全力狀態更長的時間——先吸飽氣，接著使用短的節奏呼吸且不完全排空氣體，是一種能讓你保持力量、提高速度，以及恢復體力的方法。

**當你整合動作和呼吸，使其同步時，思緒將變得清晰，所有的煩惱也都會消失。**我們可以透過呼吸清理思緒，降低心跳速率。

例如在格鬥比賽前，我會提前三小時到場。到更衣室睡上一個半小時到四十分鐘；透過放鬆的呼吸，便能進入深度睡眠。接著在比賽前一小時起床，進行四十五分鐘的熱身，將心跳提高到一百六十或一百四十下，確保身體已經熱開。最後我會坐下休息五分鐘，將心跳降到每分鐘五十到六十下。這樣，我的身體就已經準備好應對比賽。

當我看著對手在擂臺另一邊跳來跳去，我明白他的心跳大概已經達到八十五或九十下。開始對戰時，我會壓上全力，使對手無法休息，必須跟上我的節奏。當我的心跳達到每分鐘八十下時，他已經到了一百一十；當我的心跳達到每分鐘一百一十下時，他已經在崩潰邊緣……這時，對手通常會開始喘不過氣，錯誤也會隨之而來，我便能把握機會結束比賽。

呼吸成了我最好的朋友，不僅能控制情緒，還能使體能保持在最佳狀態，並且避免恐慌，讓我可以冷靜思考、制定策略。這些能力全都來自**透過呼吸控制自己**。這項巨大的改變，對我的生活和訓練有很大的影響。

你可以七天不吃食物、三天不喝水，但只要五分鐘不呼吸就會死亡。因此，呼吸的效率非常重要，然而很多人忽略了這點。

呼吸就像你的二頭肌、各種策略和技術一樣。如果不訓練呼吸系統，你的能力會減少四〇％，無法真正讓自己恢復精神，甚至是達到新的理解層次。當你疲憊時，如果不知道如何透過呼吸來恢復，你會做出糟糕的決定，失去專注力。但如果你掌握了腹式呼吸，即使身體疲憊，你的大腦依然可以保持清醒，看清每一個細節。

呼吸是活的，就像人一樣。今天你可能會跑步、游泳或重訓——**呼吸必須隨著活動而變化。練習意識到自己當下的狀態並配合呼吸，最終，你將能非常自在的產生流動。**

呼吸的機制是為了支援你的生活而存在，你可以根據需求改變節奏與方式。有時你需要放鬆和安靜，有時你需要睡眠，有時你需要全力戰鬥。能否流暢切換，並最大限度有效的利用此機制，一切都基於你對橫膈膜的掌控，以及對呼吸的理解和連接到日常生活中。

當你隨著呼吸流動時，它將會成為你人生中最好的盟友。找到心智與呼吸系統間的連接，將會大大提升整體生活的效率和幸福感。保持訓練！※

---

※編按：本文整理自希克森柔術學院（Rickson Gracie Jiu-Jitsu Academy）〈A practical breathing lesson with Rickson Gracie〉，以及希克森與喬可．威林克的訪談內容。

國家圖書館出版品預行編目（CIP）資料

呼吸，人生的柔與術：從逆境與壓力中尋得平靜，世界第一格鬥家族的戰士回憶錄／希克森·格雷西（Rickson Gracie），彼得·馬吉爾（Peter Maguire）著；李皓歆譯 . -- 初版 . -- 新北市：方舟文化，遠足文化事業股份有限公司，2024.08
320 面；14.8 × 21 公分

譯自：Breathe:A Life in Flow
ISBN 978-626-7442-57-9（平裝）

1.CST：格雷西（Gracie, Rickson, 1958-）
2.CST：武術　3.CST：回憶錄　4.CST：巴西

785.718　　113008412

拱橋 0003

# 呼吸，人生的柔與術

## 從逆境與壓力中尋得平靜，世界第一格鬥家族的戰士回憶錄

作者　希克森・格雷西（Rickson Gracie）、彼得・馬吉爾（Peter Maguire）
譯者　李皓歆
主編　張祐唐
校對編輯　李芊芊
封面設計　廖韡
內頁設計　陳相蓉
特約行銷　鍾宜靜
行銷經理　許文薰
總編輯　林淑雯
出版者　方舟文化／遠足文化事業股份有限公司
發行　遠足文化事業股份有限公司（讀書共和國出版集團）
231 新北市新店區民權路 108-2 號 9 樓
電話：（02）2218-1417
傳真：（02）8667-1851
劃撥帳號：19504465　戶名：遠足文化事業股份有限公司
客服專線：0800-221-029　E-MAIL：service@bookrep.com.tw
網站　www.bookrep.com.tw
印製　呈靖彩藝有限公司
法律顧問　華洋法律事務所　蘇文生律師
定價　480 元
初版一刷　2024 年 8 月





方舟文化官方網站　方舟文化讀者回函